Das Aktiendepot als Einkommensquelle

Mit Value Investing zu finanzieller Sicherheit. Eine Anleitung.

AF220277

Petra Wolff

DAS AKTIENDEPOT ALS EINKOMMENSQUELLE

Mit Value Investing zu finanzieller Sicherheit. Eine Anleitung.

Überarbeitete Auflage 2020

Bibliografische Information der Deutschen Nationalbibliothek:

Die Deutsche Nationalbibliothek verzeichnet diese Publikation in der Deutschen Nationalbibliografie; detaillierte bibliografische Daten sind im Internet über http://dnb.d-nb.de abrufbar.

Covergestaltung: Petra Wolff
Lektorat: Jörg Querner

Herstellung und Verlag: BoD – Books on Demand, Norderstedt

ISBN: 978-3-7519-9912-0

Inhalt

EIN STÜCK FREIHEIT

Stellen Sie sich vor, Sie könnten Ihren Lebensunterhalt bestreiten, ohne durch tägliche Arbeit Geld verdienen zu müssen, weil Sie andere Einkommensquellen hätten. Sie könnten zwar keine großen Sprünge machen, aber es würde zum Leben reichen, also für Wohnen, Essen, Kleidung und medizinische Versorgung. Genau das ist finanzielle Sicherheit. Das heißt nicht, dass Sie Ihren Job aufgeben müssten oder als Selbstständiger keine Aufträge mehr annehmen dürften. Sie könnten jedoch selbst entscheiden, was Sie tun möchten, und sich auf die Dinge beschränken, die Spaß machen.

Zu den Einkommensquellen, die Ihnen das ermöglichen können, gehören geschickte Geldanlagen. Aktien solider, gewinnbringender Unternehmen sind am besten dafür geeignet. Dadurch werden Sie Miteigentümer dieser Firmen und erhalten eine Gewinnbeteiligung in Form von Dividendenzahlungen. Die Zahlungen steigen möglichst von Jahr zu Jahr, weil die Unternehmen wachsen und dadurch ihre Gewinne steigern.

Hin und wieder können Sie auch Kursgewinne realisieren, indem Sie Aktien zu einem höheren Preis verkaufen, als Sie sie gekauft haben, sofern Sie die Aktien für überbewertet halten oder den Verkauf im Vergleich zu den Dividendenzahlungen der nächsten Jahre als lukrativer empfinden.

Um mit dem Aufbau eines geeigneten Aktiendepots zu beginnen, brauchen Sie noch kein großes Vermögen. Durch Investition in Aktien bauen Sie nach und nach ein Vermögen auf.

In diesem Buch geht es nicht darum, durch wilde Spekulationen oder nervenaufreibendes Trading möglichst schnell reich zu werden. Im Mittelpunkt steht langfristiges Value Investing, frei nach Benjamin Graham und Warren Buffett. Value Investing heißt schließlich nichts anderes als das Investieren in Werte.

Um die wirklich wertvollen Aktien zu finden, werden die sogenannten Fundamentaldaten der Unternehmen ausgewertet, insbesondere die Zahlen aus den Jahresabschlüssen. Dahinter steckt eine Menge Theorie, mit der sich bereits eine Reihe von Büchern und Artikeln befassen. Meistens werden darin viele Kennzahlen erklärt bzw. damit zusammenhängende Bedingungen beschrieben. Doch in der Praxis sieht dann alles nicht mehr so einfach aus wie im Lehrbuch.

Ich habe mir das Ganze so weit vereinfacht wie möglich und eine effektive Vorgehensweise zur Auswahl und Analyse von Aktien gefunden. Dazu gehören auch die Bewertung des Depots und Entscheidungen über Verkauf oder Nachkauf. Ich entwickle meine Methode ständig weiter, denn schließlich entwickelt sich auch das Investmentumfeld ständig weiter. Und das lässt sich ausnutzen.

Was meine ich mit Investmentumfeld? Zum einen ist es das Informationsangebot im Internet, zum anderen sind es die Bedingungen der Online Broker: Einerseits werden diese tendenziell immer günstiger und andererseits werden deren Angebote immer besser.

So gibt es z. B. heute eine ansehnliche Auswahl von sparplanfähigen Einzelaktien, so dass man schon mit sehr kleinen Beträgen investieren kann, ohne die Risikostreuung zu vernachlässigen. Das war vor sechs Jahren, zur ersten Auflage dieses Buches, noch kaum möglich.

Außerdem habe ich immer wieder Leserfeedback bekommen, sowohl Lob als auch konstruktive Kritik. Und natürlich habe ich auch niemals ausgelernt. Deshalb ist es Zeit für eine weitere Überarbeitung des Buches.

Damit alles verständlich und nachvollziehbar ist, illustriere ich die Strategie mit konkreten, derzeit aktuellen Beispielen. Ich komme dabei nicht umhin, einige Unternehmen beim Namen zu nennen bzw. die Benutzung von speziellen Internetseiten zu beschreiben. Diese Darstellungen dürfen weder als Empfehlungen noch als Werbung aufgefasst werden. Es sind einfach meine Betrachtungen, nicht mehr und nicht weniger.

Damit möchte ich Sie ermutigen, sich auf den Weg zu Ihrer eigenen finanziellen Sicherheit zu begeben, eine zusätzliche Altersvorsorge in Form von Dividendenzahlungen aufzubauen, eine Quelle zur Finanzierung von Hobbys oder Urlauben zu schaffen, oder was immer Sie möchten.

GRUNDBEGRIFFE UND GRUNDSTEINLEGUNG

Zunächst möchte ich die Konzepte des finanziellen Schutzes, der finanziellen Sicherheit und der finanziellen Freiheit kurz darstellen, denn der Aufbau eines Aktiendepots geschieht schließlich nicht zum Selbstzweck. Diese Konzepte habe ich vor etlichen Jahren von Bodo Schäfer aus seinem Buch „Der Weg zur finanziellen Freiheit" gelernt. Sie gehören an den Anfang meines Buches, um mit dem Abstecken der Ziele beginnen zu können. Danach geht es in den Abschnitten über das Sparen und die Ermittlung des Geldbedarfs um die Präzisierung der Ziele.

FINANZIELLER SCHUTZ

Das sind Ersparnisse, die eine gewisse Zeit für alle üblichen Ausgaben reichen würden. Wie lang diese Zeit ist, hängt von der Höhe der Ersparnisse und der Ausgaben ab. Finanzieller Schutz ist also das Polster für schlechte Zeiten.

Mit diesem Geld darf kein Risiko eingegangen werden, es muss immer verfügbar sein. Am besten eignet sich dafür ein Tagesgeldkonto mit voller Einlagensicherung. Finanzieller Schutz steht immer an erster Stelle. Erst danach dürfen andere Geldanlagen in Betracht gezogen werden.

Tipp: Falls Sie noch keinen finanziellen Schutz haben, beginnen Sie damit, Geld auf einem separaten Tagesgeldkonto zu sparen, bis die Summe für Ihren Lebensunterhalt für mindestens drei bis sechs

Monate reichen würde. Um festzulegen, welche Zeitspanne für Sie die richtige ist, stellen Sie sich folgende Frage: Wie lange würde ich brauchen, um nach einem Ausfall, wie auch immer dieser aussehen mag, wieder auf die Beine zu kommen? Wenn drei bis sechs Monate dafür zu knapp bemessen sind, legen Sie eine entsprechend höhere Summe für Ihren finanziellen Schutz fest. Diese individuelle Entscheidung müssen Sie für sich selbst treffen.

FINANZIELLE SICHERHEIT

Das ist der Zustand, in dem Ihr grundlegender Lebensunterhalt gesichert ist, ohne dass Sie ständig dafür arbeiten müssen. Es ist möglich, das durch Sparen und Investieren in geeignete Geldanlagen zu erreichen. Wie das funktionieren kann, beschreibt dieses Buch.

Finanzielle Sicherheit wird in der Regel stufenweise erreicht. Zuerst reichen die passiven Einnahmen aus dem Aktiendepot für einen Teil Ihrer Ausgaben. Und sofern Sie dieses Geld anstatt es auszugeben immer wieder anlegen, wird dieser Teil immer größer.

Ein Nebeneffekt dabei ist, dass Sie in Bezug auf Ihre bisherige Arbeit nach und nach „unerpressbar" werden. Sie müssen sich nicht mehr alles gefallen lassen. Dadurch werden Sie automatisch gelassener, was sich positiv auf Ihre Gesundheit und Ihr Wohlbefinden auswirkt.

Da die Erträge aus Kapitalanlagen wie Aktien im Vergleich zu einem normalen Gehalt doch eher unregelmäßig erzielt werden, gehört ein guter Plan zur Verwaltung der Gewinne dazu. Nur dann können Sie alle Rechnungen fristgerecht bezahlen. Auch damit beschäftigt sich dieses Buch.

FINANZIELLE FREIHEIT

Das ist „finanzielle Sicherheit plus". Zusätzlich zum grundlegenden Lebensunterhalt reichen die Erträge noch für Luxus, also für Dinge, die nicht unbedingt nötig sind, die aber viel Spaß machen. Dafür gibt es keine allgemeinen Regeln, denn jeder versteht etwas anderes darunter.

SPAREN – SO FUNKTIONIERT ES

Es wird davon ausgegangen, dass Sie überhaupt irgendwelche Einnahmen haben, von denen Sie sparen können, z. B. ein Gehalt oder Einkünfte aus selbstständiger Arbeit.

Beginnen möchte ich mit zwei Zitaten von Bodo Schäfer: „Sparen heißt, sich selbst zu bezahlen" und „Bezahlen Sie sich selbst zuerst!" Diese stammen aus seinem Buch „Der Weg zur finanziellen Freiheit". Dazu gibt er die folgenden Empfehlungen: Immer wenn Sie Geld bekommen, z.B. gleich nach der Gehaltszahlung, überweisen Sie einen Teil zum Sparen auf ein separates Konto. Beginnen Sie mit 10 %. Sie werden mit den restlichen 90 % des Geldes nicht schlechter auskommen als mit der gesamten Summe. Das ist viel einfacher, als zu sparen, was am Ende übrig bleibt, denn bei den meisten Menschen bleibt am Ende nie etwas übrig, egal wie hoch ihr Einkommen ist. An die 10 %-Methode werden Sie sich dagegen recht schnell gewöhnen. Wenn Sie eine Gehaltserhöhung bekommen, schlagen Sie 50 % davon auf Ihren monatlichen Sparbetrag auf. Auch wenn Sie unvorhergesehene Einnahmen haben, sparen Sie davon 50 %.

Vermeiden Sie Konsumschulden. Kaufen Sie möglichst nichts auf Raten. Kaufen Sie nur, was Sie sich sofort leisten können. Was tun mit bereits vorhandenen Schulden? Auch hier möchte ich einen Tipp von

Bodo Schäfer wiedergeben: Verwenden Sie die Hälfte des gesparten Geldes zur Schuldentilgung. Die andere Hälfte verwenden Sie zum Vermögensaufbau, also zum Aufbau von finanziellem Schutz, finanzieller Sicherheit usw.

Es ist viel motivierender, sein eigenes Guthaben wachsen zu sehen, als auf eine schwarze Null zuzustreben. Das funktioniert natürlich nur, wenn die Zinsen der bestehenden Schulden nicht sehr hoch und wenn Sie nicht bereits überschuldet sind.

Ich habe mir angewöhnt, ein Haushaltsbuch zu führen, das empfehle ich auch Ihnen. Wer jeden oder fast jeden Tag seine Ausgaben gleich notiert, bemerkt den Zeitaufwand dafür kaum.

So etwas lässt sich ganz einfach in ein Notizbuch eintragen oder elektronisch umsetzen, z. B. mit einer Tabellenkalkulation wie Microsoft Excel oder OpenOffice Calc. Weiterhin gibt es diverse Haushaltsbuch-Apps für das Smartphone. Dabei ist jedoch die Frage, wie diese mit den eingepflegten Daten umgehen.

Inzwischen bieten sogar einige Banken digitale Haushaltsbücher und Finanzmanager innerhalb des Online Bankings an. Dorthin wird alles, was über die Bank läuft, automatisch übernommen. So braucht man nur noch den Rest zu ergänzen und hat dann schnell seine Ausgaben im Blick. Ich habe jedoch Bedenken, so etwas zu nutzen, denn so legte ich der Bank gegenüber mehr offen als mir lieb wäre. Für mich ist deshalb eine Excel-Datei, die ich nur lokal speichere, die einfachste und sicherste Lösung.

Der Vorteil eines elektronischen Haushaltsbuches liegt neben dem automatischen Zusammenrechnen der Beträge in der einfachen Kategorisierbarkeit nach verschiedenen Kostenarten. So sehen Sie gleich, wie viel Geld Sie wofür ausgeben. Vielleicht finden Sie dadurch noch zusätzliche Möglichkeiten zum Sparen.

Haben Sie teure Hobbys? Können Sie eine kostengünstigere Variante finden? Können Sie einem Hobby nachgehen, das Geld bringt, anstelle etwas zu kosten? Vielleicht irgendetwas Kreatives? Denken Sie mal darüber nach.

Das soll zum Thema Sparen genügen. Sparen sollte immer in einem gesunden Rahmen bleiben. Gesund ist es dann, wenn es sich nicht nach Verzicht anfühlt.

DER MONATLICHE BZW. JÄHRLICHE GELDBEDARF

Wenn ich nun von „Ihrem Geldbedarf" bzw. „Ihren Ausgaben" rede, meine ich das im Sinne von „Bedarf bzw. Ausgaben Ihrer Familie" oder „Ihrem persönlichen Bedarf bzw. Ihren persönlichen Ausgaben". Suchen Sie sich das Zutreffende aus.

Idealerweise brauchen Sie die monatlich bzw. jährlich benötigte Summe nur aus den Ausgaben Ihres vollständig geführten Haushaltsbuches abzulesen. Dabei sehen Sie auch gleich, welche Monate eher teurer sind als andere. Sie haben bisher kein Haushaltsbuch geführt?

In dem Fall schlagen viele Ratgeber die folgende Rechnung vor: Wie hoch ist die monatliche Miete oder die Kreditrate für das Haus? Was kosten Strom bzw. Gas? Auto? Versicherungen? Lebensmittel? Kleidung? Sonstiges? Das alles zusammengerechnet sind die monatlichen Ausgaben. Das ist natürlich möglich, aber passen Sie auf, dass Sie dabei nichts Wesentliches vergessen, z.B. quartalsweise oder jährliche Rechnungen.

Eine einfachere Variante ist die Auswertung Ihrer Kontoauszüge eines ganzen Jahres, sofern Sie diese geordnet und vollständig aufgehoben haben. Das ist eher zu erwarten als ein akribisch geführtes Haushaltsbuch. Höchst wahrscheinlich ist alles Geld, insbesondere auch das, welches Sie ausgegeben haben, über Ihr Konto gegangen. Entweder haben sie es abgehoben und dann ausgegeben oder per Karte oder Lastschrift etwas bezahlt. Gehen Sie also alle Positionen durch und zählen Sie alle Ausgaben, auch Barabhebungen, zusammen. So vergessen Sie garantiert nichts.

Egal, auf welche Art Sie Ihren Geldbedarf nun ermittelt haben. Eine zusätzliche Überlegung sollten Sie noch anstellen: Haben Sie Kosten, um die Sie sich bisher nicht zu kümmern brauchen, die bisher gedeckt werden, ohne dass das Geld dafür über Ihr Konto geht? Sind das Kosten, die Sie dann selbst tragen müssten? Das könnten zum Beispiel Beiträge zur Krankenversicherung sein, die bisher gleich von Ihrem Bruttogehalt abgezogen werden. Haben Sie ein Diensthandy, das Sie privat nutzen können? Was auch immer es ist, sofern Sie es weiterhin bräuchten und es dann selbst bezahlen müssten, müssen Sie die Kosten dafür ebenfalls in Ihrer Rechnung berücksichtigen.

Tipp: Kalkulieren Sie nicht zu knapp. Wenn Sie in etwa den durchschnittlichen Geldbedarf pro Monat ermittelt haben, setzen Sie für das ganze Jahr das Dreizehnfache oder wenigstens das Zwölfeinhalbfache an. Überprüfen Sie die ermittelte Summe jährlich. Sie kann sogar noch sinken, wenn Sie mit dem Sparen wie oben beschrieben jetzt erst anfangen.

DAS AKTIENDEPOT

Nun haben wir die Ziele abgesteckt und kommen zum Hauptteil des Buches. Ich gehe davon aus, dass Sie bereits ein paar Grundkenntnisse über Aktien mitbringen. Vielleicht haben Sie schon die eine oder andere Erfahrung damit gesammelt. Erfahrungen und Ansichten fallen naturgemäß von Mensch zu Mensch verschieden aus. Um auf einen gemeinsamen Nenner zu kommen, zunächst etwas „Grundphilosophie".

Durch den Kauf von Aktien erwerben Sie Anteile an Unternehmen und profitieren dadurch von deren Geschäft. Das ist die einfachste Art, Unternehmen zu besitzen. Die Angestellten, die in den Unternehmen arbeiten, arbeiten also auch für Sie.

Sehen Sie es am besten so: Anstelle selbst ein Unternehmen zu gründen, erwerben Sie durch Aktienkauf ein fertiges, wenn auch nur zu einem sehr kleinen Teil. Würden Sie selbst ein Unternehmen aufziehen, kämen Sie an das Geld, das Sie dort hineinsteckten, nicht mehr ohne weiteres heran. Betrachten Sie Aktienkäufe genauso. Machen Sie sich bewusst, dass Ihnen das Kapital, das Sie in Aktien investieren, vorerst ebenfalls nicht mehr zur Verfügung steht.

Wer ein Unternehmen gründet, möchte Profit, und zwar nicht nur auf dem Papier, sondern in Form eines schönen Cashflows – im Idealfall über eine lange Zeit. Das gleiche Ziel verfolgt die in diesem Buch beschriebene Strategie – auf lange Sicht einen möglichst stabilen Cashflow aus Ihren Aktieninvestments zu erwirtschaften.

Diesen erhalten Sie dadurch, dass ein Teil der Unternehmensgewinne regelmäßig in Form von Dividenden an die Aktionäre, also auch an Sie, ausgezahlt werden. Deshalb werden Sie die meisten Aktienpositionen wegen der Dividenden viele Jahre halten und bei günstiger Gelegenheit immer weiter aufstocken.

Diese Herangehensweise ist hier die Regel. Aber nicht von ungefähr kommt der Spruch „Ausnahmen bestätigen die Regel." Die Ausnahme sieht wie folgt aus:

Möglicherweise erkennen Sie mit zunehmender Erfahrung in mancher Aktie Potenzial zu kurz- bis mittelfristiger überdurchschnittlicher Kurssteigerung und kaufen sie mit dem Ziel, sie für eine kürzere Zeitspanne, vielleicht ein bis vier Jahre, zu halten. Sie kassieren auch innerhalb dieser Zeit die Dividenden und sofern alles glattgeht, verkaufen Sie sie dann mit einem schönen Kursgewinn, den Sie wiederum zum Aufbau weiterer Langfristpositionen nutzen können.

Eines haben alle diese Engagements gemeinsam: Die Unternehmen werden nach fundamentalen Gesichtspunkten bewertet. Dazu werden die Geschäftsberichte, vor allem die darin enthaltenen Abschlüsse, der letzten Jahre betrachtet.

Daran lässt sich erkennen, ob bisher alles „gut lief". Wenn das der Fall ist, ist das zwar noch keine Garantie dafür, dass es auch in Zukunft immer gut laufen wird, aber so lässt sich ein Eindruck gewinnen, ob die Unternehmensleitung vernünftig wirtschaftet.

Was bisher gut lief, wird wahrscheinlich auch in Zukunft gut laufen? Das mag zwar sein, ist jedoch ungewiss. So ist oft ein Blick auf Schätzungen für das aktuelle und das nächste Geschäftsjahr recht hilfreich. Auch wenn Analystenschätzungen selten genau so eintreffen, sind sie nicht völlig an den Haaren herbeigezogen, denn es gehen bereits bekannte Fakten und Teilergebnisse darin ein.

Anhand dieses Zahlenmaterials stellen Sie fest, ob die Aktie zum aktuellen Kurs günstig ist, und entscheiden nach einigen weiteren Überlegungen über einen möglichen Kauf. Spätere Entscheidungen über Nachkäufe und manchmal auch über Verkäufe werden auf ähnlicher Grundlage gefällt.

Das hört sich zunächst vielleicht komplizierter an, als es ist. Sie müssen sich dazu jedoch nicht stundenlang durch die Geschäftsberichte arbeiten. Die wichtigsten Zahlen sind auf diversen Finanzportalen im Internet übersichtlich aufbereitet und lassen sich kostenlos nutzen.

Ich zeige Ihnen, wie Sie mit Hilfe derartiger Internetseiten eine einfache Vorauswahl treffen und zunächst einen Schnell-Check durchführen können, um vielversprechende Kandidaten herauszufiltern. Für diese lohnt es sich, einige weitere Zahlen auszuwerten, welche Sie ebenfalls in übersichtlich aufbereiteter Form auf Internetportalen finden können. Die echten Geschäftsberichte bzw. Jahresabschlüsse brauchen Sie nur, um einzelne Angaben im Fall von Unklarheiten zu überprüfen oder falls Sie zusätzliche Fakten in Erfahrung bringen möchten, die nicht auf den Finanzseiten zu finden sind.

Wichtig ist, dass Sie sich immer Ihre eigene Meinung bilden. Hören Sie nicht vorbehaltlos auf Empfehlungen. Auch Experten-Interviews haben meistens keinerlei Nutzen für Anleger. Schalten Sie Börsensendungen im Fernsehen am besten ab.

Die Finanzseiten im Internet sind unsere wichtigsten Informationsquellen. Sie bieten oftmals Suchfunktionen und Filtermöglichkeiten, sogenannte stock screener, die sich ziemlich gut zur Aktien-Vorauswahl eignen. Auf derartigen Seiten finden Sie zwar auch Schlagzeilen und Nachrichten, zum Teil sogar in Form von Videos, aber für uns sind vor allem die Fundamentaldaten der Unternehmen interessant. Für Anleger in Deutschland sind Seiten wie ariva.de, finanzen.net, onvista.de, de.investing.com und de.marketscreener.com sehr hilfreich.

Im Laufe der Zeit kann sich die Struktur der Seiten natürlich ändern. Möglicherweise stimmt in ein bis zwei Jahren schon einiges des hier Beschriebenen nicht mehr hundertprozentig. Vielleicht gibt es sogar noch bessere Informationsquellen auf anderen Seiten. Das ist jedoch für das Verständnis der erklärten Vorgehensweisen und Zusammenhänge irrelevant.

Ich benutze im Folgenden für meine Beispiele ariva.de in der Browserdarstellung auf dem PC, weil das Zahlenmaterial dieser Quelle besonders übersichtlich aufbereitet ist und sehr weit zurückreicht. Da ariva.de keine Schätzungen enthält, suche ich mir diese bei de.marketscreener.com heraus, weil sie dort besonders gut aufbereitet sind.

AUFBAUPHASE

Sie haben Geld in Ihrem „Topf für finanzielle Sicherheit" und suchen nun nach geeigneten Aktien für Ihr Depot.

Das Ziel ist es, ein Depot aufzubauen, das Aktien von mindestens 20 bis 30 Unternehmen enthält, je mehr desto besser. Die Käufe erfolgen nach und nach. Meistens beginnt die Investition mit einem Betrag von wenigen Tausend Euro. Sie kaufen die ersten Aktien, erhalten dann Dividenden und sparen weiteres Geld, das Ihnen dann zum Ausbau vorhandener oder zum Aufbau neuer Positionen zur Verfügung steht. Risikostreuung ist dabei äußerst wichtig, denn auch wenn man die Aktien noch so sorgfältig auswählt, kann es in einzelnen Unternehmen oder Branchen immer zu unvorhersehbaren gravierenden Problemen kommen, deren Folge Dividendenkürzungen und hohe Kursverluste sind. Auch vor Totalausfällen kann man trotz aller Sorgfalt niemals sicher sein. In einem gut gestreuten Depot wird so etwas leichter durch die anderen Positionen aufgefangen.

Kaufen Sie vor allem Aktien großer Unternehmen aus politisch stabilen Ländern, also aus den westlichen Industrienationen. Die großen Konzerne agieren ohnehin meistens international. Streuen Sie das Risiko über verschiedene Branchen und investieren Sie vorrangig in Branchenführer. Suchen Sie dazu am besten zuerst in den großen Indizes. Beginnen Sie ruhig im eigenen Land.

Das erste Filtern – Dividendenrendite und KGV

Eine ordentliche **Dividendenrendite** ist in dieser Strategie eines der wichtigsten Kriterien zur Aktienauswahl. Durch Zahlung einer Dividende werden die Aktionäre direkt am Gewinn des Unternehmens beteiligt. Ob die Dividende als Ganzes einmal jährlich oder anteilig halbjährlich oder sogar quartalsweise gezahlt wird, hängt vom jeweiligen Unternehmen ab. In Deutschland erfolgt die Zahlung meistens einmal jährlich nach der Hauptversammlung. Die Dividende aus dem Gewinn eines Geschäftsjahres wird in der Regel im darauffolgenden Jahr gezahlt.

Für den Aufbau eines Depots, das über das ganze Jahr verteilt einen möglichst gleichmäßigen Cashflow produziert, sind Quartalszahler, wie sie vor allem in den USA vorkommen, von Vorteil. Mit dem richtigen Money Management, welches in einem späteren Abschnitt über die Ertragsphase beschrieben wird, spielt das jedoch keine Rolle.

Unter der Dividendenrendite verstehen wir den jährlichen Dividendenbetrag im Verhältnis zum Kaufkurs. Wenn Sie z.B. eine Aktie für 25,00 € pro Stück kaufen, erhalten Sie bei einer Dividende von 1,00 € eine Dividendenrendite von

$$\frac{1,00 \text{ €}}{25,00 \text{ €}} = 0,04 = 4\,\%$$

Kaufen Sie die Aktie günstiger, erzielen Sie eine höhere Dividendenrendite, und umgekehrt. Von Dividendenzahlungen werden in der Regel Steuern abgezogen, aber das passiert bei anderen Kapitalerträgen auch. Die Dividendenrendite ist eine sogenannte dynamische Fundamentalkennzahl, die vom aktuellen Aktienkurs abhängt. Auf englischsprachigen Seiten steht **dividend yield** für Dividendenrendite.

Schauen wir uns in diesem Zusammenhang die Filterfunktion auf ariva.de an. Wir möchten zunächst wissen, welche Aktien aus dem Deutschen Aktienindex DAX eine Dividendenrendite von mindestens 3 % bieten.

Im Menü unter „Aktien" klicken wir auf „Aktiensuche". Es erscheint eine Eingabemaske für unsere Suchkriterien. Am unteren Rand der Suchmaske sieht man jeweils die Anzahl, wie viele Treffer zu den eingegebenen Daten gefunden werden. Daneben steht ein Hinweis, auf welches Jahr sich die Daten beziehen. Wenn dort noch ein zu weit zurückliegendes Jahr steht, z. B. 2018, obwohl – wie z. B. jetzt – bereits das erste Quartal 2020 vergangen ist, lässt sich die Suchmaske im oberen Bereich auf „Erweitert" umschalten. Dann ist auch das Jahr auswählbar und wir können 2019 eingeben.

Unter „Stammdaten" finden wir den Punkt „Zugehörigkeit zu einem Index" und wählen hier „DAX" aus der Liste aus. Etwas weiter unten sehen wir unter der Überschrift „Bewertung" das Kriterium „Dividendenrendite". Dort stehen zwei Felder zur Eingabe einer Von-Bis-Spanne zur Verfügung. Wir geben in das „Von"-Feld eine 3 ein und lassen das zweite Feld leer. Sobald wir eine dieser Eingaben getätigt haben, passt sich die Anzeige am unteren Bereich der Eingabemaske an.

Wir erhalten jetzt, Anfang Juli 2020, neben „Anzahl Aktien" eine 11. Also werden hier elf passende Aktien gefunden. Nach Klick auf „Suche starten" wird eine Liste dieser elf Aktien angezeigt.

Name	Dividendenrendite %
Allianz	4,40%
BASF	4,90%
Bayer	3,85%
BMW St.	3,42%
Deutsche Post	3,68%
Deutsche Telekom	4,12%
E.ON	4,83%
Munich Re	3,37%
Siemens	3,97%
Volkswagen Vz.	3,72%
Vonovia	3,27%

Auf anderen Finanzportalen bekommen wir in etwa das gleiche Ergebnis. Die angegebenen Dividendenrenditen können etwas abweichen. Das ist völlig normal, denn die Dividendenrendite hängt davon ab, welcher Kurs zu deren Ermittlung herangezogen wurde. Bei den meisten Datenanbietern wird der jeweilige Jahresendkurs verwendet, aber auch dieser kann zwischen verschiedenen Börsen Abweichungen aufweisen.

Auf eine genaue Zahl kommt es hier nicht an, sondern es geht zunächst darum, eine grobe Vorabsuche durchzuführen, um überhaupt Ideen für Investments zu finden. Dafür reichen unsere Ergebnisse allemal.

Ansonsten ist es natürlich immer sicherer, Zahlen zu hinterfragen und sich nicht auf nur eine Datenquelle zu verlassen.

Die Dividendenrenditen, die Sie später mit realen Investments erzielen, weichen ohnehin von den hier herausgefilterten Zahlen ab, da die Kurse schwanken bzw. der ausgeschüttete Dividendenbetrag im Vergleich zum Vorjahr verändert werden kann.

Kümmern wir uns um ein weiteres Kriterium, und zwar das **KGV**. Das ist die Abkürzung für **Kurs-Gewinn-Verhältnis**. Auf englischsprachigen Seiten wird es meistens als **P/E** angegeben. Das steht für **price earnings ratio**. Wie der Name schon sagt, ist das Kurs-Gewinn-Verhältnis das Verhältnis vom Aktienkurs zum Gewinn nach Steuern. Da der Aktienkurs immer für eine Aktie angegeben wird, benötigen wir auch den Gewinn pro Aktie bzw. auf englischsprachigen Seiten earnings per share (EPS), um ein sinnvolles Verhältnis zu berechnen. Die Formel für das KGV lautet:

$$KGV = \frac{Aktienkurs}{Gewinn\ pro\ Aktie}$$

Was können Sie sich darunter vorstellen? Wenn Sie durch einen Aktienkauf in ein Unternehmen investieren und sich der Gewinn des Unternehmens nicht ändern würde, gibt das KGV die Zeitdauer in Jahren an, bis Ihre Investition aus den Gewinnen bezahlt wäre. Ein KGV von 10 bedeutet also, dass das 10 Jahre dauern würde.

Das KGV ist das einfachste Kriterium, um eine vage Vorstellung zu erhalten, ob eine Aktie billig oder teuer ist. Die dazu gehörige Faustregel ist: Je niedriger das KGV, desto günstiger die Aktie. Als Richtwert wird oftmals nach einem KGV von unter 15 oder sogar unter 10 gesucht. Das ist allerdings nur eine ganz grobe und viel zu gewagte Vorgabe.

Um die Schwäche dieses Konzeptes zu veranschaulichen, stellen wir uns zwei Firmen X und Y vor. Eine Aktie des Unternehmens X kostet derzeit 120 €. Der Gewinn pro Aktie des letzten Geschäftsjahres beträgt 12 €. Damit hat diese Aktie ein Kurs-Gewinn-Verhältnis von 10.

$$KGV = \frac{120\ €}{12\ €} = 10$$

Wenn die Firma X also in den nächsten Jahren jeweils den gleichen Gewinn erwirtschaftet, dauert es 10 Jahre bis zur Bezahlung der Investition durch die Gewinne.

Was ist aber, wenn der Gewinn sinkt? Nehmen wir an, im nächsten Jahr beträgt der Gewinn pro Aktie nur noch 4 € und überhaupt kann man froh sein, wenn es in den darauf folgenden Jahren nicht noch weiter nach unten geht oder wenn es überhaupt positive Ergebnisse gibt. Dann dauert es nicht 10, sondern im besten Falle 30 Jahre, bis die Gewinne die Aktie „bezahlen".

Wenden wir uns nun der Firma Y zu. Eine Y-Aktie kostet ebenfalls 120 €. Allerdings beträgt der letzte Gewinn pro Aktie nur 2 €. Damit kommt für diese Aktie ein KGV von 60 heraus.

$$KGV = \frac{120\ €}{2\ €} = 60$$

Die Geschäfte der Firma Y laufen jedoch hervorragend, so dass sie es schafft, in den folgenden Jahren den Gewinn bedeutend zu steigern. In den nächsten sechs Jahren beträgt der Gewinn pro Aktie 5 €, 8 €, 12 €, 20 €, 35 € bzw. 40 €. Damit ist die Aktie bereits nach diesen sechs Jahren bezahlt.

Welche Aktie ist gemessen an den Gewinnen des jeweiligen Unternehmens günstiger, X oder Y? Ganz klar Y, obwohl die Kurs-Gewinn-Verhältnisse das Gegenteil ausdrücken.

Natürlich kann niemand vorher genau sagen, wie sich die Gewinne eines Unternehmens über die nächsten Jahre entwickeln werden, aber in vielen Fällen lässt sich ein durchschnittliches Gewinnwachstum abschätzen, von dem es sehr wahrscheinlich ist, dass es auch weiterhin erreicht wird.

Deshalb ist es besser, das KGV in Zusammenhang mit dem Gewinnwachstum zu betrachten. Hier gilt folgende Faustregel: Bei einem jährlichen Gewinnwachstum von 10 % gilt ein KGV von 10 als günstig, bei einem Gewinnwachstum von 20 % ist ein KGV von 20 sehr gut. Auch dafür gibt es eine spezielle Kennzahl, und zwar das Kurs-Gewinn-Wachstums-Verhältnis oder **PEG** (= **price earnings to growth ratio**). Die Formel dafür lautet:

$$PEG = \frac{KGV}{Prozent\ Gewinnwachstum}$$

Ein PEG nahe 1 gilt also als günstig. Ein kleineres PEG deutet auf eine besonders günstig bewertete Aktie hin, ein größeres auf eine teurere.

Die Berechnung des KGV ist nur bei positivem Gewinn sinnvoll. Ein brauchbares PEG lässt sich nur dann berechnen, wenn darüber hinaus eine relativ stabile positive Gewinnsteigerung vorliegt.

Da Gewinnentwicklungen verschiedener Unternehmen der gleichen Branche meistens ähnlich ausfallen, lässt sich das KGV am besten dazu verwenden, verschiedene Aktien einer Branche zu vergleichen. Ansonsten ist es immer besser, auch noch die Gewinnwachstumsrate hinzuzuziehen. So kann z. B. eine Technologieaktie mit einem KGV von über 20 sehr günstig sein, während es für eine Aktie aus einer traditionellen Branche als sehr hoch gilt.

Ein sehr niedriges KGV von z. B. 3 bis 4 ist meistens ein Indiz dafür, dass etwas mit dem Unternehmen nicht stimmt, dass die Gewinne wahrscheinlich einbrechen oder wegfallen werden.

Wenden wir uns nun wieder unseren Beispielen zu. Da die elf Aktien unserer Liste aus unterschiedlichen Branchen stammen, ist es schwer, hier einen KGV-Wert vorzugeben, unter dem alle günstig bewerteten Aktien liegen sollten. Am besten ist es, das gar nicht weiter zu beschränken, sondern einfach nur die KGV-Werte zusätzlich in der Ergebnisliste anzeigen zu lassen.

Bei ariva.de funktioniert das, indem man einfach nach Aktien filtert, die überhaupt ein KGV haben. Auch für das KGV gibt es die Möglichkeit, eine Von-Bis-Spanne einzugeben. Geben wir deshalb für den unteren Wert einfach 1 ein und lassen den oberen Wert frei. Die Ergebnistabelle sieht etwa wie folgt aus:

Name	KGV	Dividendenrendite %
Allianz	11,60	4,40%
BASF	7,30	4,90%
Bayer	17,50	3,85%
BMW St.	9,80	3,42%
Deutsche Post	16,00	3,68%
Deutsche Telekom	17,80	4,12%
E.ON	14,00	4,83%
Munich Re	13,90	3,37%
Siemens	15,30	3,97%
Volkswagen Vz.	6,60	3,72%
Vonovia	22,30	3,27%

Die KGV-Werte unserer Liste bewegen sich alle in einem üblichen Bereich.

Auch das KGV kann auf verschiedenen Finanzseiten für ein und dieselbe Aktie unterschiedlich ausfallen. Es ist keine exakte Angabe. Zur Berechnung gibt es verschiedene Varianten. Neben Abweichungen im verwendeten Aktienkurs richtet sich das Ergebnis auch danach, ob der **unverwässerte** oder der **verwässerte Gewinn pro Aktie** (englisch **undiluted** bzw. **diluted EPS**) verwendet wurde. Damit ist Folgendes gemeint:

EPS (earnings per share), also Gewinn pro Aktie, berechnet sich durch

$$EPS = \frac{Gewinn\ nach\ Steuern}{Anzahl\ der\ Aktien}$$

Berechnet man EPS unverwässert, auf englischsprachigen Seiten EPS undiluted, verwendet man in dieser Division die Anzahl der im Umlauf befindlichen Aktien, d.h. Aktien, die das Unternehmen herausgegeben hat und die nun am Markt gehandelt oder von Anlegern gehalten werden. Dagegen verwendet man bei der Berechnung des EPS verwässert (EPS diluted) zusätzlich noch die Aktien, die es geben würde, wenn sämtliche Optionen auf Aktien dieses Unternehmens ausgeübt werden würden. Sofern es solche Optionen gibt, ist die in obiger Formel verwendete verwässerte Anzahl der Aktien etwas größer als die unverwässerte Anzahl. Dadurch kann der berechnete Gewinn pro Aktie (EPS) etwas kleiner bzw. das Ergebnis für das KGV etwas größer werden.

Eine andere Möglichkeit zur Berechnung des KGV ist

$$KGV = \frac{Marktkapitalisierung}{Gewinn\ nach\ Steuern}$$

Auf diese Art und Weise kann man das KGV berechnen, ohne die Zahlen jeweils auf eine Aktie zu beziehen. Die Marktkapitalisierung ist nichts weiter als der Börsenwert des Unternehmens, also

$$Marktkapitalisierung = Aktienkurs \cdot Aktienanzahl$$

Deshalb braucht der Gewinn im Nenner der Formel auch nicht auf eine Aktie umgerechnet zu werden.

Weitere Variationen der KGV-Berechnung bestehen darin, anstelle des Gewinns des letzten abgeschlossenen Geschäftsjahres den voraussichtlichen Gewinn des aktuellen oder nächsten Geschäftsjahres zur Berechnung zu verwenden. Auch Durchschnittsgewinne über mehrere Jahre sind möglich und oftmals sinnvoll.

Im Folgenden schauen wir uns die elf Aktien unserer Liste nach und nach genauer an und sortieren weiter aus.

Warum filtern wir nicht einfach nach dem PEG? Abgesehen davon, dass diese Filtermöglichkeit bei ariva.de derzeit nicht angeboten wird, ist das PEG eine Kennzahl, die bei ihrer Berechnung noch mehr Spielraum als das KGV zulässt. Wie ermittelt man am besten die Steigerungsrate, die man dazu in die Berechnungsformel – oder besser „Schätzungsformel" – einsetzt? Darauf kommen wir später noch einmal zurück.

Noch ein Wort zur Aktualität der Daten auf den Finanzportalen: Das Geschäftsjahr endet zwar für die meisten Unternehmen mit dem kalendarischen Jahresende. Jedoch liegt der Jahresabschluss meistens erst etwa drei Monate später vor. Danach kann es noch ein klein wenig dauern, bis die Zahlen vollständig in die Datenbanken der Finanzseiten eingespielt sind bzw. bis die Filterfunktionen darauf zugreifen können.

Schnell-Check

Wir sehen uns nun die herausgefilterten Aktien an, indem wir nacheinander alle Links aus der Ergebnisliste bei ariva.de öffnen und sie parallel bei de.marketscreener.com heraussuchen.

Geschäftsmodell

Zunächst ist es interessant zu wissen, womit das Unternehmen sein Geld verdient. Dazu bieten die verwendeten Finanzseiten meistens ein **Profil** an, in dem das beschrieben ist. Alternativ dazu kann man auch eine Suchmaschine zu Rate ziehen oder bei Wikipedia nachlesen. Von den Unternehmen aus unserem Beispiel sind die meisten ohnehin fast jedem bekannt.

Bei ariva.de findet man das Profil jeweils über den Link „Kennzahlen". Durch Klick auf „Stammdaten" kann man dann direkt zur entsprechenden Beschreibung springen. Lesen Sie diesen Text durch und überlegen Sie, ob es vorstellbar ist, dass das Unternehmen damit in den nächsten Jahren Geld verdienen bzw. den Gewinn weiter steigern kann. Gibt es Expansionsmöglichkeiten? Wie sieht es mit der Marktführerschaft aus? Sofern dort etwas über die Konkurrenten steht, behalten Sie diese im Hinterkopf bzw. notieren Sie diese, um sie eventuell später ebenfalls zu analysieren. Überlegen Sie sich auch, ob Sie überhaupt in dieses Unternehmen investieren wollen. Eventuell haben Sie moralische Bedenken, mögen die ganze Branche nicht oder haben einfach nur ein schlechtes Bauchgefühl dabei. In dem Fall können Sie sich weitere Untersuchungen dazu ersparen und sich dem nächsten Unternehmen auf der Liste zuwenden.

Bei ariva.de ist unter dem Profil meistens ein Ausblick auf das laufende Fiskaljahr gegeben. Hier finden sich oftmals weitere interessante Informationen zum Geschäft des Unternehmens.

Gewinne und Schätzungen

Im nächsten Schritt betrachten Sie die **Gewinnentwicklung** über die letzten Jahre bis zu den Schätzungen für das laufende und das folgende Jahr. Es sollten möglichst immer Gewinne vorhanden sein, die zusätzlich eine Wachstumstendenz verzeichnen.

Auf den verwendeten Finanzseiten im Internet sollten wenigstens die Ergebnisse der letzten vier bis fünf abgeschlossenen sowie Schätzungen der kommenden zwei Geschäftsjahre stehen. Wenn die Angaben noch weiter zurückreichen, umso besser.

Bei ariva.de finden Sie diese Angaben und weitere, die für spätere Betrachtungen benötigt werden, über den Link „Kennzahlen", allerdings nur für bereits abgeschlossene Geschäftsjahre. Die Schätzungen können Sie zum Beispiel von de.marketscreener.com erhalten.

Bei ariva.de sind im oberen Bereich auf der Seite zur Aktie unter der Überschrift „GuV / Bilanz" die wichtigsten Zahlen aus der Gewinn- und Verlustrechnung aufgeführt. Sie sehen hier sofort auf einen Blick den jeweiligen Jahresüberschuss der letzten fünf, manchmal auch sechs Jahre. Rechts daneben ist die Entwicklung in einem Säulendiagramm dargestellt.

Sie können direkt über der Tabelle mit den Angaben aus der GuV den betrachteten Zeitraum wählen und sogar noch weitere Jahre zurückblättern. Für unseren Schnell-Check soll zunächst jedoch die Betrachtung der letzten fünf bis sechs Jahre genügen.

Um einen Ausblick auf die weitere Gewinnentwicklung zu erhalten, können wir die Aktie bei de.marketscreener.com heraussuchen und gelangen über den Link „Finanzen" auf eine Seite, auf der sich unter der Überschrift „Ergebnisentwicklung" ein Säulendiagramm befindet. In diesem werden Umsatz, Betriebsergebnis und Nettoergebnis über die drei letzten abgeschlossenen und Schätzungen für das aktuelle und die nächsten zwei Geschäftsjahre angegeben. Darunter befindet sich eine Tabelle mit den dazugehörigen Zahlen. Uns interessieren zunächst die Schätzungen für das Nettoergebnis.

Wir können uns also die Zahlenfolge bzw. das Säulendiagramm von ariva.de zum Jahresüberschuss mit den Schätzungen für das Netto-ergebnis von de.marketscreener.com fortgesetzt vorstellen. Jahres-überschuss und Nettoergebnis bezeichnen ein und dasselbe.

Optimal ist es, wenn das Unternehmen in den letzten Jahren immer positiven Gewinn zu verzeichnen hatte, dieser von Jahr zu Jahr gesteigert wurde und sich diese Tendenz in den Folgejahren höchst wahrscheinlich fortsetzt. Dabei ist ein jährliches Wachstum von 7 % bis 10 % sehr gut. Aber auch wenn die Wachstumsrate geringer ausfällt, dafür die Steigerung von Jahr zu Jahr besonders gleichmäßig auftritt, ist das ein gutes Zeichen.

Auch wenn zwischendrin ein Rückgang zu verzeichnen ist, aber die Gesamttendenz nach oben weist, sind weitere Betrachtungen sinnvoll. Es wird wohl kaum ein Unternehmen geben, das seinen Gewinn in jedem Jahr steigern kann. Auch spielt dabei die Branche eine Rolle.

Schauen wir uns das für die Aktien aus unserer Liste, die wir durch das erste Filtern erzeugt haben, an. Anstelle der Diagramme von ariva.de und de.marketscreener.com zeige ich eigene Darstellungen, in denen ich die Zahlen aus beiden Quellen kombiniere.

Allianz

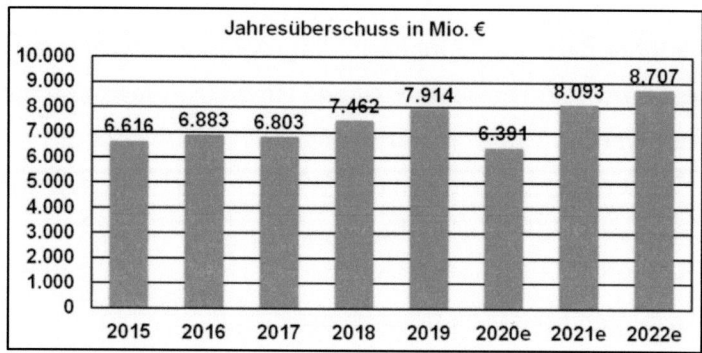

Es wurde immer Gewinn erzielt. Zwar gab es kleine Rückgänge bzw. wird es wahrscheinlich in diesem Jahr einen Rückgang geben, aber die Gesamttendenz ist sanft ansteigend.

BASF

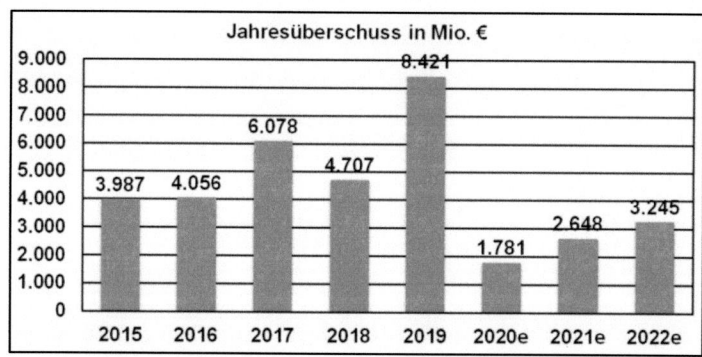

Es gab zwar immer Gewinne und über die letzten Jahre Steigerungen, diese werden jedoch wahrscheinlich in den nächsten Jahren nicht wieder erreicht werden. Die Gesamttendenz sieht unter Einbeziehung der Schätzungen für die nächsten Jahre eher seitwärts bis leicht fallend aus.

Bayer

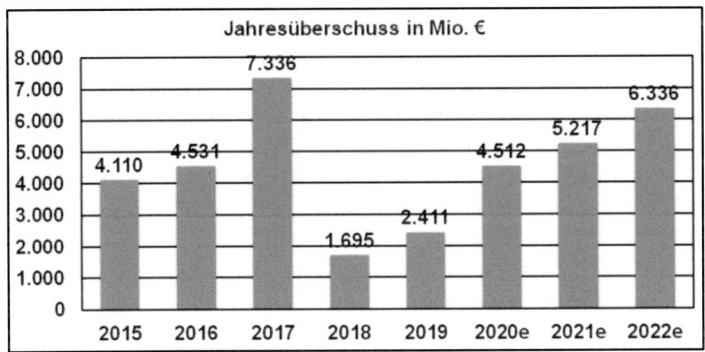

Die Schwierigkeiten, die dieses Unternehmen hatte, scheinen in den nächsten Jahren überwunden zu sein. Es sieht derzeit so aus, dass die aktuelle Corona-Krise kaum Auswirkungen hat.

BMW St.

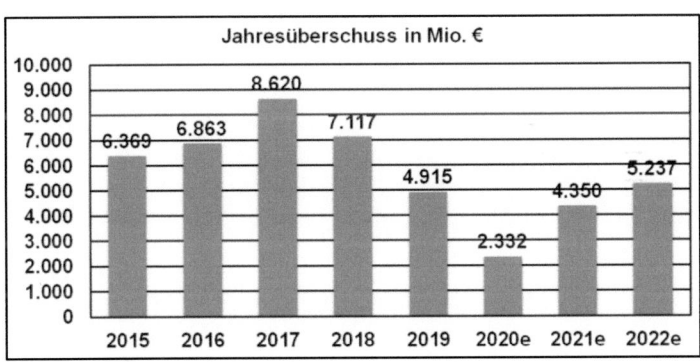

Die Tendenz ist eher fallend.

Deutsche Post

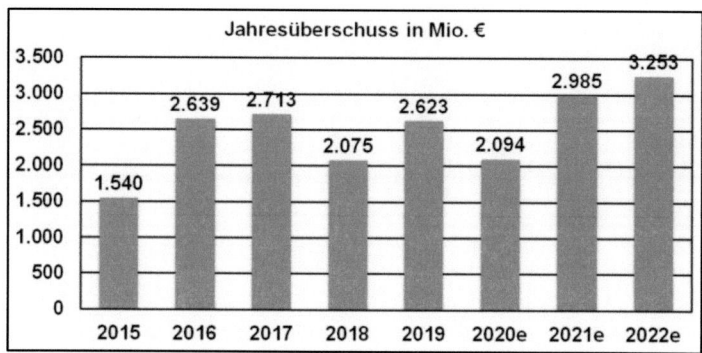

Auch wenn hier zwischendurch geschwächelt wurde, der Gesamttrend stimmt.

Deutsche Telekom

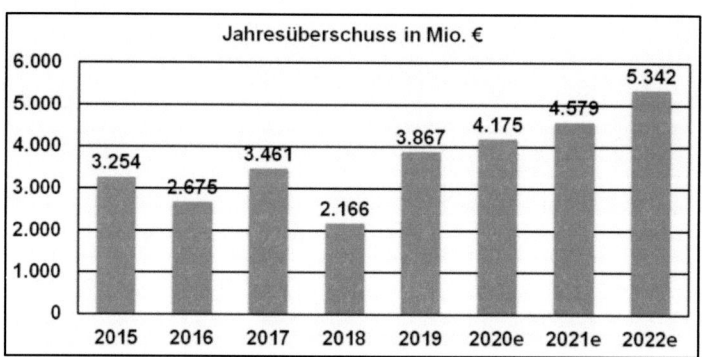

Das sieht insbesondere im Hinblick auf die Prognosen ziemlich gut aus.

E.On

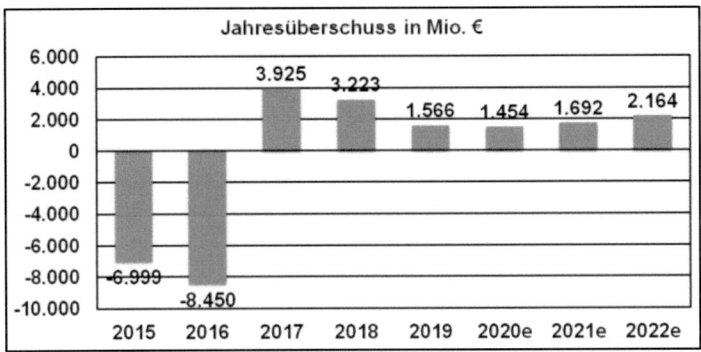

Die Zeit der Verluste scheint überwunden. Aber es sieht noch nicht nach einem verlässlichen Aufwärtstrend aus.

Munich Re (Münchener Rückversicherung)

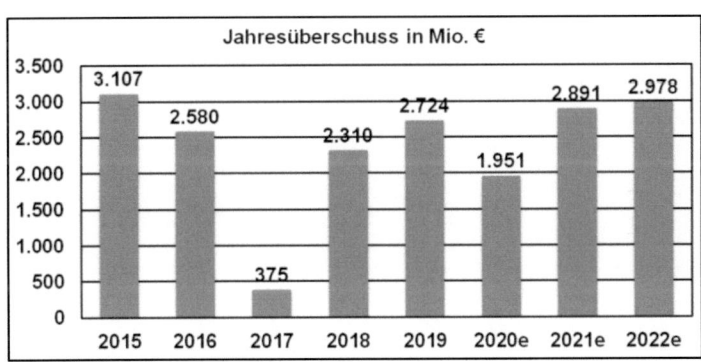

Eher seitwärts.

Siemens

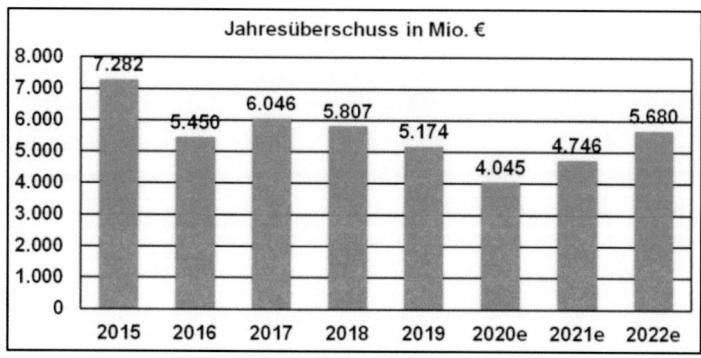

Leicht abwärts.

Volkswagen Vz.

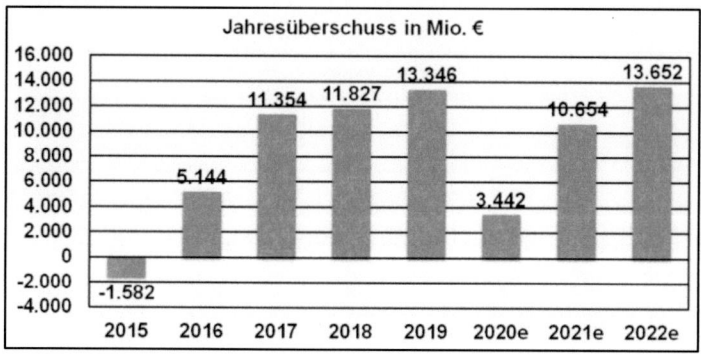

Zunächst schwer gebeutelt vom Abgasskandal sehen die Zahlen der Folgejahre gut aus. Mit Corona brachen die Gewinne ein. Die Prognosen für die nächsten Jahre sind sehr optimistisch.

Vonovia

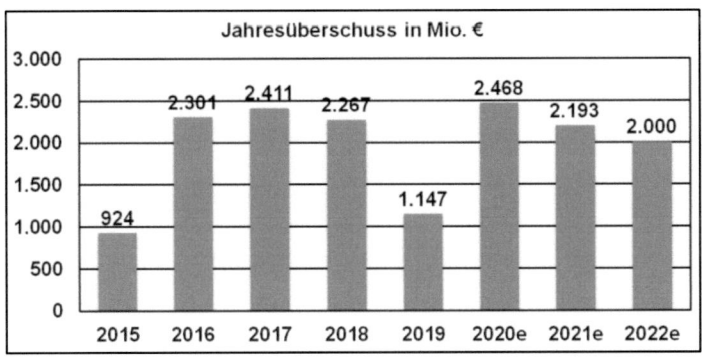

Sieht aus wie seitwärts mit Ausnahmen.

Ich denke, anhand dieser Beispiele ist klar geworden, wie die Gewinnentwicklung untersucht werden kann. Sollten Sie keine derartigen grafischen Darstellungen auf den zum Schnell-Check benutzten Internetseiten finden, können Sie die betrachteten Zahlen in ein Tabellenkalkulationsprogramm übertragen und dort als Diagramm darstellen lassen. Vielleicht genügt aber auch Ihre Vorstellungskraft, um die Diagramme zunächst vor Ihrem „inneren Auge" entstehen zu lassen. Sie sollten sich zumindest zu den Unternehmen, die für weitere Untersuchungen übrig bleiben, übersichtliche Notizen machen. Dabei können Sie auch ein entsprechendes Diagramm hinzufügen.

Ergänzen wir nun unsere durch das erste Filtern erzeugte Liste jeweils um Profil und Gewinnentwicklung. Dann entscheiden wir, ob wir weitere Untersuchungen dazu anstellen möchten.

Name	Profil	Gewinn-entwicklung	Weiter untersuchen?
Allianz	Einer der weltweit führenden Versicherungs- und Finanzdienstleister.	Sanft ansteigend.	Ja
BASF	Weltweit führendes Chemieunternehmen.	Seit- bis leicht abwärts, ungleichmäßig.	Nein
Bayer	Weltweit führend in Gesundheit und Agrarwirtschaft.	Ansteigend mit starkem Rückgang zwischendurch.	Ja
BMW St.	Ein weltweit führender Hersteller von Autos und Motorrädern im Premium-segment.	Abwärts mit Ausnahmen.	Nein
Deutsche Post	Weltweit führender Post- und Logistik-Konzern.	Aufwärts mit Ausnahmen.	Ja
Deutsche Telekom	Weltweit führender Telekommunikations- und IT-Dienstleister.	Aufwärts mit Ausnahmen.	Ja
E.On	Eines der weltweit größten privaten Energieunternehmen.	Nach Verlusten kleine Gewinne, leicht fallend.	Nein
Munich Re	Eine der größten Rück-versicherungsgesell-schaften weltweit. Auch Erst- und Kranken-versicherungen.	Seitwärts.	Ja
Siemens	Weltweit führend in Elektronik und Elektrotechnik.	Leicht fallend.	Nein
Volkswagen Vz.	Größter Automobil-hersteller Europas und einer der führenden weltweit.	Aufwärts unter starken Schwankungen.	Ja
Vonovia	Immobilienunternehmen, auf Wohnungsverwaltung spezialisiert.	Insgesamt aufwärts mit besonders star-kem Anstieg im aktuellen Jahr.	Ja

In unserem Beispiel sind von den elf Aktien der anfänglichen Liste sieben übrig geblieben und werden nun weiteren Betrachtungen unterzogen. Die Entscheidungen sind natürlich subjektiv. Möglicherweise wären Sie bei der Vorauswahl strenger vorgegangen und hätten weniger Ausnahmen in der Gewinnentwicklung toleriert. Andererseits ist die betrachtete Zeitspanne recht kurz. So kann es sein, dass die Gewinnentwicklung über einen viel längeren Zeitraum ein anderes Bild ergibt.

Außerdem können sehr große Sprünge in der Entwicklung durch Änderungen in der Unternehmenszusammensetzung hervorgerufen worden sein, z. B. weil ein anderes Unternehmen aufgekauft bzw. ein Teil abgespalten wurde. Wir bleiben jedoch beim einfachen Ausfiltern wie soeben gezeigt. Aber es verbietet Ihnen niemand, die hier aussortieren Aktien später doch noch genauer zu untersuchen.

In unserem Beispiel wollen wir mit dem Schnellcheck der sieben ausgewählten Aktien fortfahren.

Kurs-Gewinn-Verhältnis

Als Nächstes wenden wir uns noch einmal dem **KGV**, also dem **Kurs-Gewinn-Verhältnis (price earnings ratio, P/E)** zu. Bisher haben wir uns nur eine grobe Richtgröße dazu anzeigen lassen.

Überhaupt kann das KGV niemals eine exakte Größe sein. Manchmal wird das KGV im Voraus einfach aus Schätzungen für Kurs und Gewinn berechnet. In dem Fall spricht man von erwartetem KGV. Auf manchen Finanzseiten wird bei den angebotenen Suchmöglichkeiten nicht zwischen dem realen und dem erwarteten KGV unterschieden. Das Wort „real" ist dabei irreführend. Das heißt einfach nur, dass der reale Gewinn pro Aktie, z. B. des letzten Geschäftsjahres, und ein realer

Kurs, z. B. der aktuelle Kurs, zur Berechnung verwendet werden. Ob das aussagekräftiger ist als Schätzungen, sei dahingestellt, vor allem wenn man die Gewinnentwicklung außer Acht lässt.

Wir haben uns jedoch die Gewinnentwicklung zumindest über ein paar Jahre angeschaut und können uns darum nun an eine KGV-Betrachtung wagen. Als Kompromiss wollen wir für den Gewinn pro Aktie den Durchschnitt der Zahlen für das letzte abgeschlossene, das aktuelle und das nächste Geschäftsjahr verwenden und diesen zum aktuellen Kurs ins Verhältnis setzen. So wird man der aktuellen Situation wohl ganz gut gerecht.

An dieser Stelle sollten nach den vorangegangenen Betrachtungen nur noch solche Aktien übriggeblieben sein, bei denen der durchschnittliche Gewinn der betrachteten Jahre positiv ist, so dass er zur KGV-Berechnung herangezogen werden kann. Wir verwenden für unsere KGV-Berechnung jedoch nicht den Jahresüberschuss, also den Gesamtgewinn, sondern den Gewinn pro Aktie.

Wenn man die Zahlen für Gewinn pro Aktie genauso als Diagramme darstellt wie bereits die Jahresüberschüsse, sollten diese jeweils in etwa die gleiche Gestalt aufweisen. Wenn das so ist, kann man davon ausgehen, dass keine übertriebenen Aktienrückkäufe oder umgekehrt Ausgaben weiterer Aktien den Trend verfälscht haben.

Ich zeige das Diagramm für Gewinn pro Aktie am Beispiel der Allianz.

<u>Allianz</u>

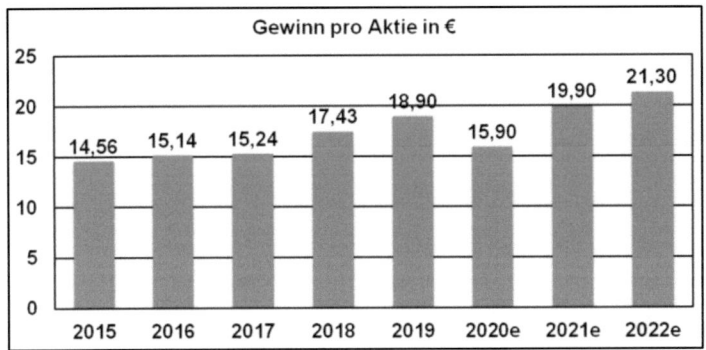

Der Verlauf sieht in etwa so aus wie der der Jahresüberschüsse.

Das KGV wird dann für diese Aktie wie folgt berechnet.

Gewinn je Aktie:

2019: 18,90 €

2020e: 15,90 €

2021e: 19,90 €

Durchschnitt:

$$\frac{18,90\,€ + 15,90\,€ + 19,90\,€}{3} = 18,23\,€$$

Ich habe die Zahlen für den unverwässerten Gewinn je Aktie (un-diluted EPS) verwendet. Die Unterscheidung zwischen unverwässertem und verwässertem Gewinn (diluted EPS) spielt für die von uns benötigte Genauigkeit keine Rolle. Sollte also aus den von Ihnen verwendeten Zahlen nicht hervorgehen, um welche von den beiden es sich handelt, ist es auch egal. Wenn es nicht dabeisteht, handelt es sich meistens um das unverwässerte Ergebnis.

Aktueller Kurs: 187,36 €

Damit ergibt sich für die Berechnung unserer KGV-Version, die ich ab jetzt mit KGV$_3$ bezeichne:

$$KGV_3 = \frac{187,36 \text{ €}}{18,23 \text{ €}} = 10,3$$

Das weist unter der Voraussetzung, dass der für die nächsten Geschäftsjahre prognostizierte Gewinnanstieg eintrifft, auf eine fair bis günstig bewertete Aktie hin.

Nun führen wir diese Berechnung noch für die anderen Aktien unserer Vorauswahl durch und entscheiden danach wieder für jede Aktie, ob sie für weitere Untersuchungen in Betracht kommt.

Ich habe jeweils die Entwicklung vom Gewinn pro Aktie mit der Entwicklung des Jahresüberschusses verglichen und feststellen können, dass das Muster für alle betrachteten Aktien jeweils in etwa übereinstimmte. Ich zeige jedoch nicht die einzelnen Diagramme, sondern beschränke mich auf die für die KGV$_3$-Berechnung benötigten Zahlen.

Name	Profil	Gew.-entw. Note	Gewinn je Aktie für drei Geschäftsjahre (19, 20e, 21e) in €			Ø	Kurs aktuell €	KGV$_3$	Weiter?
Allianz	OK	2	18,90	15,90	19,90	18,23	187,36	10,3	Ja
Bayer	OK	3	4,17	4,64	4,97	4,59	66,93	14,6	Ja
Dt. Post	OK	2	2,13	1,65	2,35	2,05	33,82	16,5	Ja
Dt. Telekom	OK	2	0,82	0,88	0,91	0,87	15,10	17,4	Nein
Munich Re	OK	3	18,97	13,80	20,80	17,89	237,40	13,3	Ja
VW Vz.	OK	2–3	26,60	7,77	20,90	18,42	139,36	7,6	Ja
Vonovia	OK	3	2,15	5,04	4,09	3,76	55,90	14,9	Ja

Von den sieben Aktien sind nach der letzten Untersuchung sechs übrig. Diese Entscheidung ist wieder subjektiv. Ich habe mir jeweils die erwartete Gewinnentwicklung der nächsten Zeit dazu angesehen und überlegt, welche prozentuale Steigerung dem Unternehmen jeweils zuzutrauen ist.

Dividendenrendite

Als Nächstes wollen wir genauere Untersuchungen zur **Dividende** (**dividend**) anstellen. Uns interessiert die Dividendenrendite (dividend yield), die wir beim Kauf der Aktie zum aktuellen Kurs ungefähr erzielen würden. Wir können natürlich nicht mit Sicherheit voraussagen, wie hoch die Dividende für das aktuelle und die kommenden Geschäftsjahre sein wird. Wir werden ebenfalls den Durchschnitt der Dividendenzahlungen von drei Geschäftsjahren berechnen und daraus und aus dem aktuellen Aktienkurs eine Rendite ermitteln. Sie sollte mindestens 3 % betragen. Wenn sie tiefer liegt, aber dafür ein hohes Wachstum von Jahr zu Jahr aufweist, ist das auch in Ordnung.

Dazu schauen wir uns an, ob das Unternehmen in den zurückliegenden Jahren eine Dividende gezahlt hat und wie die Entwicklung der Dividendenhöhe aussieht. Wie sehen die Prognosen für die Folgejahre aus? Wurde und wird die Dividende gesteigert?

Verfolgt das Unternehmen eine vernünftige Dividendenpolitik, also zahlt es im Schnitt etwa die Hälfte des Gewinns als Dividende aus und hat damit die andere Hälfte für Investitionen oder als Reserve für schlechte Jahre übrig? Einerseits sind wir an hohen Dividenden interessiert, weil das regelmäßige Kapitalerträge für uns sind, andererseits nutzen hohe Dividenden nichts, wenn das Unternehmen dadurch gefährdet wird und irgendwann überhaupt keine Dividenden mehr zahlen kann.

Schauen wir uns das für unsere Beispiele an. Bei ariva.de finden wir auf der Seite mit den Kennzahlen im Abschnitt „Die Aktie" die Dividendenerträge der letzten Geschäftsjahre. Die Schätzungen für das aktuelle und die nächsten beiden Jahre finden wir z. B. bei de.marketscreener.com.

Zur Veranschaulichung erstelle ich wieder entsprechende Diagramme. Zusätzlich gebe ich zum Vergleich die Dividende jeweils direkt unter dem Gewinn je Aktie an und rechne den Anteil der Dividende am Gewinn je Aktie aus. Weiterhin berechne ich den Durchschnitt der Dividendenzahlungen des letzten abgeschlossenen, des aktuellen und das nächsten Jahres und ermittle daraus die Rendite bezogen auf den aktuellen Aktienkurs.

Allianz

Allianz	2015	2016	2017	2018	2019	2020e	2021e	2022e
Dividende €	7,30	7,60	8,00	9,00	9,60	9,68	10,20	11,00
EPS €	14,56	15,14	15,24	17,43	18,90	15,90	19,90	21,30
Anteil %	50,1%	50,2%	52,5%	51,6%	50,8%	60,9%	51,3%	51,6%
Ø Divi. €							9,83	
Aktienkurs €							187,36	
Rendite %							5,2%	

Wir stellen fest, dass die Höhe der Rendite von 5,2 % unsere Bedingung erfüllt. Außerdem wurden die Dividendenzahlungen seit 2015 immer gesteigert. Sehen wir uns die Prozentzahlen für den jeweiligen Anteil am Gewinn an, erkennen wir eine sehr vernünftige Vorgehensweise. Fazit: Allianz bleibt im Rennen.

Bayer

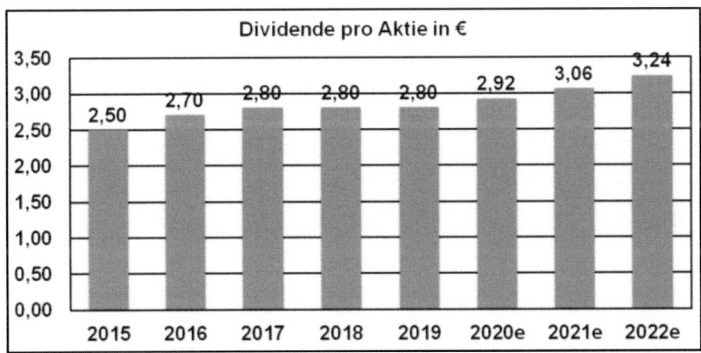

Bayer	2015	2016	2017	2018	2019	2020e	2021e	2022e
Dividende €	2,50	2,70	2,80	2,80	2,80	2,92	3,06	3,24
EPS €	4,97	5,44	8,41	1,80	4,17	4,64	4,97	6,23
Anteil %	50,3%	49,6%	33,3%	155,6%	67,1%	62,9%	61,6%	52,0%
Ø Divi. €							2,93	
Aktienkurs €							66,93	
Rendite %							4,4%	

Das sieht insgesamt ebenfalls recht vernünftig aus. Die Dividendenzahlungen wurden zwar nicht in jedem Jahr gesteigert, aber auch nicht gesenkt. Zwar ist die Steigerung nicht so hoch, aber dafür gibt es schon jetzt 4,4 %.

Deutsche Post

Dt. Post	2015	2016	2017	2018	2019	2020e	2021e	2022e
Dividende €	0,85	1,05	1,15	1,15	1,25	1,14	1,32	1,46
EPS €	1,27	2,19	2,24	1,69	2,13	1,65	2,36	2,60
Anteil %	66,9%	47,9%	51,3%	68,0%	58,7%	69,1%	55,9%	56,2%
Ø Divi. €							1,24	
Aktienkurs €							33,82	
Rendite %							3,7%	

Auch das macht einen guten Eindruck. Diese Aktie wird also ebenfalls weiter in Betracht gezogen.

Munich Re (Münchener Rückversicherung)

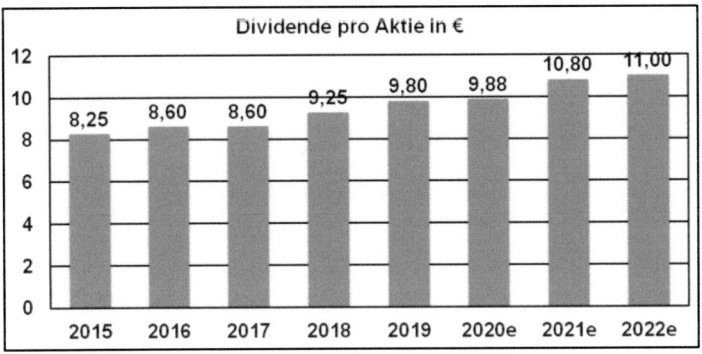

Munich Re.	2015	2016	2017	2018	2019	2020e	2021e	2022e
Dividende	8,25	8,60	8,60	9,25	9,80	9,88	10,80	11,00
EPS €	18,73	16,13	2,44	15,53	18,97	13,80	20,90	22,30
Anteil %	44,0%	53,3%	352,5%	59,6%	51,7%	71,6%	51,7%	49,3%
Ø Divi. €							10,16	
Aktienkurs							237,40	
Rendite %							4,3%	

An diesem Beispiel sieht man, wie wichtig eine gute Dividendenpolitik ist. So konnte die Dividende auch im schwachen Jahr 2017 gezahlt werden. Eine sehr schöne und stabile Entwicklung.

Volkswagen Vz.

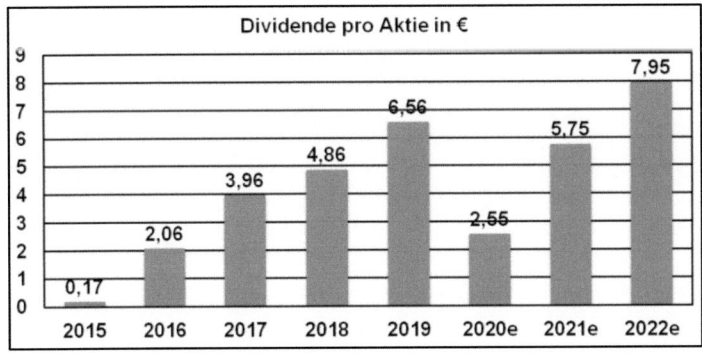

VW Vz.	2015	2016	2017	2018	2019	2020e	2021e	2022e
Dividende €	0,17	2,06	3,96	4,86	6,56	2,55	5,75	7,95
EPS €	−3,09	10,30	22,69	23,63	26,60	7,77	20,90	26,40
Anteil %		20,0%	17,5%	20,6%	24,7%	32,8%	27,5%	30,1%
Ø Divi. €						4,95		
Aktienkurs €						139,36		
Rendite %						3,6%		

Wenn es in diesem Unternehmen Probleme gibt, werden diese in Form von Dividendenkürzung an die Aktionäre weitergegeben. Einerseits ist das in Ordnung, denn es schützt das Unternehmen, aber andererseits sieht man an den Beispielen darüber, dass es im Interesse einkommensorientierter Investoren auch anders geht.

Sicher ist es ungerecht, bei einer Automobilaktie die gleichen Maßstäbe anzusetzen wie bei anderen Branchen. Aber letztes Endes entscheidet jeder selbst über seine eigenen Maßstäbe. Obwohl die Dividendenrendite momentan recht hoch ist, sortiere ich diese Aktie aus.

Vonovia

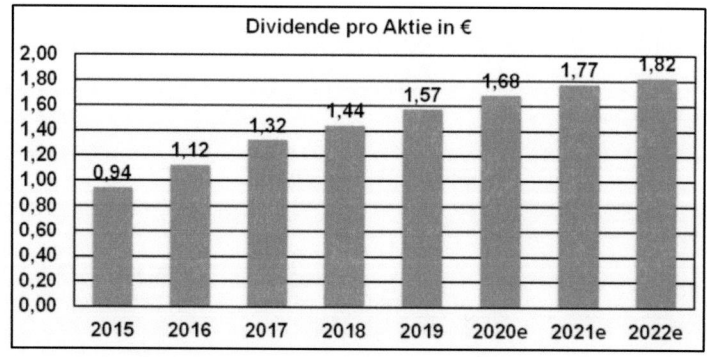

Vonovia	2015	2016	2017	2018	2019	2020e	2021e	2022e
Dividende €	0,94	1,12	1,32	1,44	1,57	1,68	1,77	1,82
EPS €	2,29	4,94	5,06	4,48	2,15	5,04	4,09	3,95
Anteil %	41,0%	22,7%	26,1%	32,1%	73,0%	33,3%	43,3%	46,1%
Ø Divi. €							1,67	
Aktienkurs €							55,90	
Rendite %							3,0%	

Ein sehr schöner Dividendenverlauf und ein Beispiel dafür, wie auch ein schlechteres Jahr bequem ohne Dividendeneinbuße überbrückt werden kann. Solides Dividendeninvestment.

Nun sind also aus unserer Beispielauswahl nur noch fünf Unternehmen übrig für weitere Untersuchungen. Bisher haben wir Betrachtungen zum Profil, zur Gewinnentwicklung, zum KGV_3 und zur Dividende angestellt. Ich möchte das für die fünf verbleibenden Unternehmen noch einmal übersichtlich darstellen. Dabei vergebe ich Noten für Gewinnentwicklung, KGV_3 und Dividende von 1 bis 3 für „sehr gut" bis „befriedigend". Alles, was schlechter wäre, wurde schon ausgeschlossen.

Name	Profil	Gewinnentwick-lung (Note)	KGV_3 (Note)	Dividende (Note)
Allianz	OK	2	1	1
Bayer	OK	3	2	1
Dt. Post	OK	2	3	2
Munich Re	OK	3	2	1
Vonovia	OK	3	3	2

Eigenkapitalquote

Als letztes Kriterium für unseren Schnell-Check soll noch die **Eigenkapitalquote (equity ratio** oder **equity-capital ratio)** dienen. Die Eigenkapitalquote ist, wie der Name schon sagt, der Anteil des Eigenkapitals am Gesamtkapital, oder anders ausgedrückt an der Bilanzsumme. Die Eigenkapitalquote wird in Prozent angegeben und berechnet sich:

$$Eigenkapitalquote = \frac{Eigenkapital}{Bilanzsumme}$$

Meistens wird die Eigenkapitalquote auf den Finanzseiten direkt angezeigt.

Die Vorgaben für die Eigenkapitalquote unterscheiden sich nach der Unternehmesart. Es sind Richtwerte. Für „normale" produzierende Unternehmen gilt eine Eigenkapitalquote von 30 % bis 50 % als sehr gut, bei Banken und Versicherungen, also Finanzdienstleistern, sollten es um die 10 % sein.

Je höher die Eigenkapitalquote ist, umso weniger Schulden hat das Unternehmen. Zwar sind Schulden nicht unbedingt etwas Schlechtes, denn dadurch werden Gewinne gehebelt. Aber durch zu hohe Schulden können Unternehmen in Krisenzeiten leichter in eine Schieflage geraten.

Stellen wir nun die Eigenkapitalquoten des letzten abgeschlossenen Geschäftsjahres für die fünf verbliebenen Aktien unserer Liste zusammen:

Name	Eigenkapitalquote 2019
Allianz	7,3%
Baycr	37,5%
Dt. Post	27,1%
Munich Re	10,6%
Vonovia	36,0%

Die Eigenkapitalquoten der Unternehmen unserer kurzen Liste sind in Ordnung. Deshalb werden wir keines disqualifizieren.

Das Gegenstück zur Eigenkapitalquote ist die Fremdkapitalquote. Das ist der Anteil des Fremdkapitals am Gesamtkapital. Es gilt

Eigenkapitalquote + Fremdkapitalquote = 100 %

Weiterhin tritt in diesem Zusammenhang der Begriff Verschuldungsgrad häufig auf. Das ist das Verhältnis von Fremdkapital zu Eigenkapital.

Da diese drei Kennzahlen so voneinander abhängen, dass sich die eine jeweils aus der anderen berechnen lässt, genügt es, eine davon zu betrachten, was wir mit der Eigenkapitalquote in unserem Schnell-Check getan haben.

Nun gebe ich noch der Vollständigkeit halber die aus unserem Beispiel-Schnell-Check resultierende Liste von Kaufkandidaten ergänzt um Noten-Bewertungen für die Eigenkapitalquoten wieder.

Name	Profil	Gewinnentwick-lung (Note)	KGV$_3$ (Note)	Dividende (Note)	Eigenkapital-quote (Note)
Allianz	OK	2	1	1	2–3
Bayer	OK	3	2	1	1–2
Dt. Post	OK	2	3	2	2
Munich Re	OK	3	2	1	1
Vonovia	OK	3	3	2	1–2

Unsere bisherigen Untersuchungen im Schnell-Check haben wir nur unter Verwendung von schnell zugänglichen Informationen auf Finanzseiten im Internet durchgeführt.

Ausführliche Analyse

Anhand des Schnell-Checks haben wir eine Vorauswahl getroffen und dabei schon recht gute Vorstellungen von den Unternehmen gewonnen, da wir bereits eine Reihe von Daten zu diesen gesammelt haben. Jetzt werden wir weitere, ausführlichere Untersuchungen durchführen. Am Ende werden wir entscheiden, ob wir Aktien kaufen wollen.

Die für unsere ausführlichen Betrachtungen benötigten Daten erhält man inzwischen meistens ebenfalls hervorragend aufbereitet auf Finanzseiten im Internet, wie z.B. ariva.de. Trotzdem ist es sehr sinnvoll zu wissen, woher genau diese Zahlen kommen, also an welcher Stelle des Geschäftsberichtes sie jeweils stehen, einerseits um Zusammenhänge besser zu verstehen, andererseits um bei Unstimmigkeiten nachprüfen zu können.

Deshalb beschreibe ich zunächst, wo die Daten in den Geschäftsberichten zu finden sind, obwohl man wahrscheinlich nur selten wirklich dort nachschauen wird. Anschließend gehe ich auf ausführlichere Auswertungen ein.

Jahresberichte kurz erklärt

Die Geschäftsberichte, auch Jahresberichte genannt, sind über die Internetpräsentationen der Unternehmen zugänglich. Meistens findet man sie unter einem Navigationspunkt (Link) mit der Bezeichnung „Investor Relations", „Investoren" oder „Investors". Unter diesem gibt es oftmals einen Unterpunkt „Berichte", „Finanzpublikationen", „Financial Publications", „Annual Reports", „Financial Reports and Information", „Financial Reporting" o. ä. Es handelt sich dabei um sehr umfangreiche Dokumente, die üblicherweise im PDF-Format zur Verfügung gestellt werden.

Für die uns interessierenden Berichte gibt es zwei grundlegende Standards, das sind IFRS und US-GAAP. Diese Abkürzungen stehen für International Financial Reporting Standards bzw. United States Generally Accepted Accounting Principles. Das sei hier nur der Vollständigkeit halber genannt. Die benötigten Zahlen sind in beiden ähnlich aufbereitet.

Wir suchen immer bestimmte Zahlen aus dem **Konzernabschluss** bzw. consolidated financial statements. Bei den Unternehmen, deren Aktien für unser Depot in Frage kommen, handelt es sich meistens um Konzerne, also mehrere eigenständige Einzelunternehmen, die zu einem Konzern zusammengefasst sind. Im Geschäftsbericht sind auch die Zahlen für die Einzelunternehmen ausgewiesen. Für uns ist es aber wichtig, darauf zu achten, dass wir den Konzernabschluss verwenden. Dieser befindet sich üblicherweise im hinteren Bereich des Geschäftsberichtes.

Darin enthalten sind folgende Bestandteile:

- (Konzern-)Bilanz = (consolidated) statement of financial position = balance sheet

- Gewinn- und Verlustrechnung (GuV) = (consolidated) statement of earnings / of income

- Kapitalflussrechnung = statement of cash flows

- Eigenkapitalveränderungsrechnung (Entwicklung des Eigenkapitals) = statement of investments and distribution to owners = statement of changes in shareholders' equity

- Anhang = notes of financial statements

Oftmals gehört weiterhin die

- Gesamtergebnisrechnung = statement of comprehensive income/loss (nicht zu verwechseln mit der Gewinn- und Verlustrechnung)

dazu.

Für unsere Zwecke sind die ersten drei hier genannten Bestandteile relevant, also die Bilanz, die Gewinn- und Verlustrechnung sowie die Kapitalflussrechnung.

Zu den Begriffen:

Die **Bilanz** gibt Auskunft über die Mittel, die dem Unternehmen zur Verfügung stehen. Insbesondere werden die Verwendung (Aktiva) und die Herkunft (Passiva) der Mittel in Zahlen dargestellt. Dabei gilt

$Bilanzsumme = Aktiva = Passiva$

Die Bilanzsumme setzt sich zusammen aus Eigenkapital und Fremdkapital, also

$Bilanzsumme = Eigenkapital + Fremdkapital$

Die **Gewinn- und Verlustrechnung** ist die detaillierte Darstellung von Erträgen und Aufwendungen des Geschäftsjahres in Zahlen. Im Wesentlichen funktioniert das so: Die gesamten Einnahmen sind der Umsatz. Nach Abzügen von Kosten und Abschreibungen erhält man das operative Ergebnis, nach weiteren Abzügen von Zinsen und Steuern das Nettoergebnis. Aus dem Nettoergebnis, auch Konzernergebnis, Jahresüberschuss oder Gewinn nach Steuern genannt, wird der Gewinn je Aktie berechnet, indem durch die Anzahl der Aktien geteilt wird.

Die **Kapitalflussrechnung** stellt den Zahlungsmittelstrom dar. Geld, das in das Unternehmen fließt, wird mit positivem Vorzeichen, Geld, das aus dem Unternehmen fließt, mit negativem Vorzeichen darin berücksichtigt. Der Cashflow setzt sich aus den folgenden drei Bestandteilen zusammen: Teil 1 ist der Cashflow aus der Geschäftstätigkeit, auch operativer Cashflow genannt, Teil 2 ist der Cashflow aus Investitionstätigkeit und Teil 3 der Cashflow aus Finanzierungstätigkeit. Die ersten beiden Teile, also der operative Cashflow und der Cashflow aus der Investitionstätigkeit, werden zum freien Cashflow (free cash flow) zusammengefasst:

Gewinne, Dividenden usw. über lange Zeiträume auswerten

Aus den soeben erklärten Bestandteilen des Jahresabschlusses benötigen wir einige Zahlen für wenigstens 10 bis 15 Geschäftsjahre. Am besten sammeln wir diese in tabellarischer Form, so dass wir jeweils eine Tabellenspalte pro Geschäftsjahr anlegen.

Für die meisten großen Unternehmen können wir die Zahlen aufbereitet aus dem Internet erhalten. Insbesondere ariva.de liefert derzeit ausführliche weit zurückreichende Daten. Diese findet man über den Link „Kennzahlen" auf der Seite der einzelnen Aktie. Im oberen Seitenbereich lässt sich der Zeitraum umschalten.

Für unsere Betrachtungen tragen wir nun die folgenden Daten für diesen langen Zeitraum zusammen:

Aus der (Konzern-)Bilanz – auch (consolidated) statement of financial position = balance sheet:

- Bilanzsumme (= total assets = balance sheet total = Gesamtkapital = Summe Aktiva = Summe Passiva)

- Eigenkapital (= equity = shareholders' equity = shareholders' investment = group share = Summe Eigenkapital)

Aus der Gewinn- und Verlustrechnung, kurz GuV – siehe auch (consolidated) statement of earnings/of income – benötigen wir:

- Umsatz (= revenues = sales). Anmerkung: Eine Besonderheit von Banken und Versicherungen ist, dass es diese Angabe nicht gibt. Bei Versicherungen kann man die Versicherungs-prämien als Umsatz auffassen. Diese findet man in der Gewinn- und Verlustrechnung. Ansonsten werden Betrach-tungen im Zusammenhang mit dem Umsatz einfach weg-gelassen. Auf manchen Finanzseiten wird anstelle eines Umsatzes ein Gesamtertrag ausgewiesen.

- operatives Ergebnis (= Betriebsergebnis = EBIT = earnings before interests and taxes = net income from operating activities before tax)

- Gewinn nach Steuern (= Ergebnis nach Steuern = Nettoergebnis = Konzernergebnis = Konzernüberschuss bzw. -fehlbetrag = Jahresüberschuss = net consolidated income = net income after tax)

– Gewinn je Aktie (= Ergebnis je Aktie = EPS = earnings per share). Anmerkung: Hier gibt es meistens Zahlen für den unverwässerten bzw. verwässerten Gewinn je Aktie – englisch undiluted bzw. diluted. Der Unterschied zwischen diesen beiden Angaben besteht darin, welche Aktienanzahl zur Berechnung vom Gewinn je Aktie verwendet wird. Den Gewinn je Aktie berechnet man, indem man den Gewinn nach Steuern, also das Konzernergebnis, durch die Anzahl der Aktien teilt. Zur Berechnung des unverwässerten Gewinns je Aktie verwendet man dabei die Anzahl aller im Umlauf befindlichen, also aller an den Börsen gehandelten und in den Aktiendepots liegenden Aktien. Zur Berechnung des verwässerten Gewinns je Aktie werden zusätzlich alle Aktien gezählt, die es geben würde, wenn alle Aktienoptionen ausgeführt werden würden. Sofern es derartige Aktienoptionsprogramme gibt, ist damit der verwässerte Gewinn pro Aktie etwas kleiner als der unverwässerte Gewinn. Für unsere Betrachtungen spielt diese Differenz keine Rolle, da sie meistens minimal ist.

Auf den meisten Finanzseiten, so auch bei ariva.de, werden Daten aus der Bilanz und der Gewinn- und Verlustrechnung in einem Bereich mit der Überschrift „Bilanz/GuV" zusammengefasst.

Die Daten aus der Kapitalflussrechnung (cash flow statement) werden auf Finanzseiten oftmals vernachlässigt. Optimal wäre es, den freien Cashflow zu kennen, der sich aus operativem und Cashflow aus der Investitionstätigkeit ergibt, denn das ist das Geld, das wirklich ins Unternehmen geflossen ist. Manchmal ist das aussagekräftiger als der Gewinn.

Aber auch wenn nur der operative Cashflow angegeben ist, soll das für unsere Zwecke zunächst genügen. Bei ariva.de finden wir im Abschnitt „Die Aktie" die Angabe „Cashflow je Aktie". Das ist besser als nichts und lässt sich auch über einen langen Zeitraum betrachten.

Zusätzlich zu den oben genannten Angaben aus den einzelnen Jahresabschlüssen benötigen wir noch die Höhe der Dividende pro Aktie. Auch diese Angabe findet man in den einzelnen Geschäftsberichten, jedoch gibt es dafür keine vorgeschriebene oder übliche Stelle. Bei ariva.de finden wir die Dividende im Abschnitt „Die Aktie".

Zur Veranschaulichung trage ich die Daten für die Allianz-Aktie zusammen. Ich verwende wie bisher ariva.de für die Daten der abgeschlossenen und de.marketscreener.com für die Schätzungen der kommenden Geschäftsjahre. Es empfiehlt sich, das mittels einer Tabellenkalkulation (Microsoft Excel oder OpenOffice Calc) vorzunehmen, damit anschließend über deren Diagrammfunktion langfristige Entwicklungen grafisch dargestellt werden können.

Allianz	2003	2004	2005	2006	2007
Bilanzsumme	935.951	994.698	997.881	1.050.000	1.060.000
Eigenkapital	28.592	30.828	39.487	50.481	47.753
Umsatz	101.567	95.627	97.706	99.905	102.734
EBIT	2.528	5.183	7.880	10.323	11.568
Jahresüberschuss	1.616	2.199	4.380	7.021	7.966
Ergebnis je Aktie *	4,78	6,01	11,24	17,09	18,00
Cashflow je Aktie *	13,4	26,8	79,24	46,89	28,22
Dividende je Aktie *	1,50	1,75	2,00	3,80	5,50

Angaben in Mio. €, * in €

Allianz	2008	2009	2010	2011	2012
Bilanzsumme	955.576	584.045	624.945	641.472	694.621
Eigenkapital	33.684	40.166	44.491	44.915	53.553
Umsatz	91.422	90.650	96.174	96.492	101.760
EBIT	5.473	5.328	7.173	4.846	8.631
Jahresüberschuss	−2.444	4.297	5.053	2.545	5.169
Ergebnis je Aktie *	−5,43	9,53	11,20	5,63	11,42
Cashflow je Aktie *	55,80	29,85	33,91	36,55	39,02
Dividende je Aktie *	3,50	4,10	4,50	4,50	4,50

Angaben in Mio. €, * in €

Allianz	2013	2014	2015	2016	2017
Bilanzsumme	711.530	805.787	848.942	883.809	901.300
Eigenkapital	50.084	60.747	63.144	67.341	65.553
Umsatz	101.416	103.161	110.836	110.500	109.590
EBIT	9.644	8.848	10.196	10.292	10.148
Jahresüberschuss	5.996	6.221	6.616	6.883	6.803
Ergebnis je Aktie *	13,23	13,71	14,56	15,14	15,24
Cashflow je Aktie *	50,91	70,53	51,78	46,96	75,38
Dividende je Aktie *	5,30	6,85	7,30	7,60	8,00

Angaben in Mio. €, * in €

Allianz	2018	2019	2020e	2021e	2022e
Bilanzsumme	897.567	1.010.000	912.971	1.034.856	1.112.032
Eigenkapital	61.232	74.002	67.127	68.215	70.961
Umsatz	107.442	116.469	142.525	148.135	155.047
EBIT	10.399	11.077	10.340	12.241	12.802
Jahresüberschuss	7.462	7.914	6.391	8.093	8.707
Ergebnis je Aktie *	17,43	18,90	15,90	19,90	21,30
Cashflow je Aktie *	60,48	87,37			
Dividende je Aktie *	9,00	9,60	9,68	10,20	11,00

Angaben in Mio. €, * in €

In der Tabellenkalkulation stehen die Jahre natürlich alle in einem sehr breiten Tabellenblatt nebeneinander, so dass Diagramme über die Zahlenverläufe ganz einfach zu erzeugen sind.

Da wir mit dem Gewinn pro Aktie bzw. der Dividende (pro Aktie) Angaben betrachten, bei denen die Anzahl der Aktien eine Rolle spielt, ist es wichtig, auf Splits zu achten und diese beiden Größen durch entsprechende Umrechnung vergleichbar zu machen. Die gute Nachricht ist, dass so etwas auf Finanzseiten wie ariva.de schon beachtet wird, denn deren Zahlen sind für die vergleichsweise Betrachtung über Jahre hinweg vorgesehen.

Was ist damit genau gemeint? Stellen wir uns ein Unternehmen vor, welches seine Aktien im Jahr 2010 im Verhältnis 2:1 gesplittet hat. Das heißt, dass aus jeweils einer Aktie zwei neue entstehen, allerdings zum halben Wert pro Stück. Alle Zahlen, die sich auf eine einzelne Aktie beziehen, z.B. Ergebnis je Aktie, Dividende je Aktie usw., halbieren sich natürlich. In den alten Geschäftsberichten vor 2010 stehen jedoch noch die Beträge, die sich auf die ursprüngliche Anzahl von Aktien beziehen. Um diese mit den aktuellen Zahlen vergleichen zu können, muss man so tun, als hätte es die doppelte Aktienanzahl schon immer gegeben, und die Pro-Aktie-Angaben halbieren. Sofern wir jedoch unsere Zahlen nur von den Finanzseiten wie ariva.de zusammentragen, brauchen wir uns darum nicht zu kümmern, weil die Daten dort bereits umgerechnet dargestellt werden.

Wenden wir uns nun wieder unseren Beispielen zu. Ich werde die Langzeitentwicklungen wieder mit Hilfe geeigneter Diagramme veranschaulichen.

Im Schnell-Check haben wir bereits die **Gewinn-Entwicklung** bzw. die **Entwicklung der Dividende** über die letzten Jahre betrachtet. Wir weiten diese Betrachtungen nun über den längeren zurückliegenden Zeitraum aus, für den wir die Daten gesammelt haben. Weiterhin betrachten wir die **Umsätze**, das **Eigenkapital** sowie den **Cashflow**.

Optimal ist es, wenn diese Zahlen über die Jahre hinweg eine möglichst gleichmäßige steigende Tendenz aufweisen.

Mit steigender Tendenz ist ein Anstieg von im Schnitt mindestens 7 % bis 10 % pro Jahr gemeint. Wenn es weniger Steigerung, dafür aber ein sehr stabiler Verlauf ist, ist das auch in Ordnung. Es ist ziemlich schwer, dafür genaue quantitative Vorgaben zu machen. Durch die Diagramm-darstellung im Tabellenkalkulationsprogramm bekommt man recht schnell einen Eindruck, ob eine stabile Steigerungstendenz vorliegt.

Stellen wir das nun im Einzelnen für unser erstes Beispiel, Allianz, dar. Beginnen wir mit der Gewinn-Entwicklung.

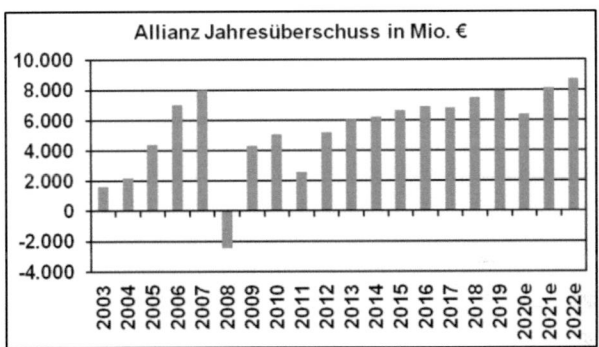

Bis auf ein paar Ausreißer nach oben und nach unten (2008) sieht man hier eine insgesamt steigende Tendenz. Aufgrund der Unregelmäßig-keiten ist es schwer, dafür eine auf ein Jahr bezogene prozentuale Steigerung anzugeben.

Die Darstellung zur Umsatz-Entwicklung sieht wie folgt aus:

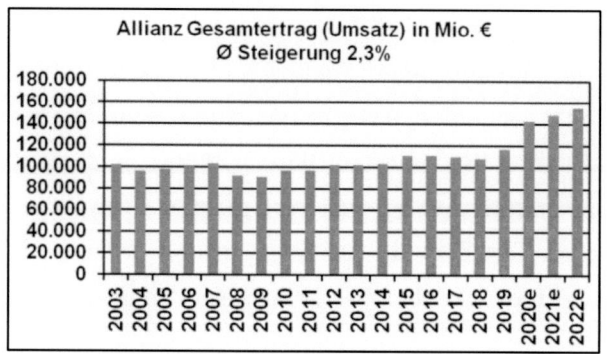

Der Gesamtertrag, der bei einer Versicherung dem Umsatz entspricht, wurde solide gehalten bzw. moderat gesteigert.

Die Entwicklung des Eigenkapitals:

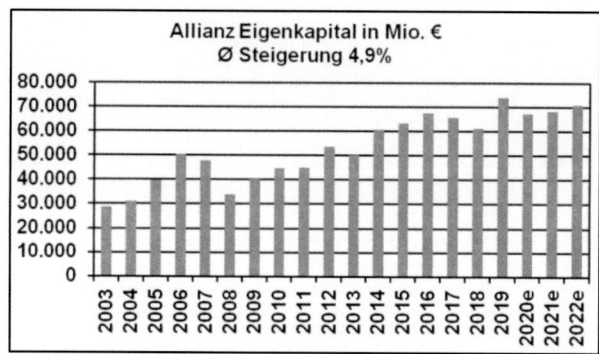

Auch das hat sich gut über den gesamten betrachteten Zeitraum entwickelt.

Die Entwicklung des Cashflows je Aktie:

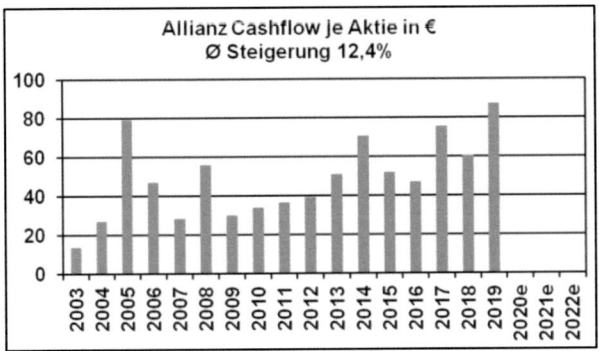

Hier gibt es keine Schätzungen für die nächsten Jahre. Bis zum letzten Geschäftsjahr sieht der Verlauf jedoch insgesamt gut aus. Die rein rechnerische prozentuale Steigerung von 12,4 % ist jedoch aufgrund der Schwankungen mit Vorsicht zu genießen.

Betrachten wir nun die Entwicklung der Dividende bzw. des Anteils der Dividende am Gewinn.

Das Säulendiagramm zum jährlichen Dividendenbetrag sieht so aus:

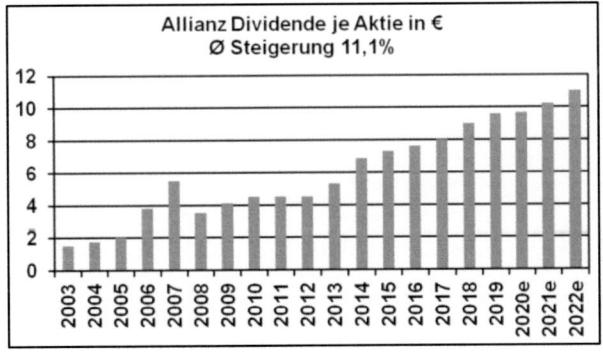

Der jeweilige Anteil der Dividende am Gewinn:

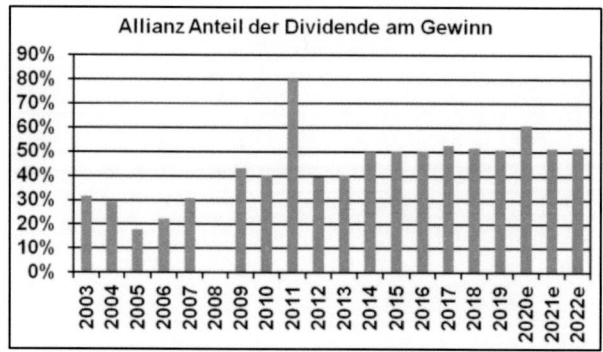

Das ist das einzige Diagramm, bei dem eine steigende Tendenz nicht erstrebenswert ist, denn so etwas weist darauf hin, dass die Dividendenausschüttungen stärker als die Gewinne steigen. So ist es in diesem Fall. Jedoch ist eine Ausschüttungsquote von etwa 50 % noch sehr gesund und kein Grund zur Sorge.

Bisheriges Fazit: Die Allianz-Aktie ist aus heutiger Sicht ein solides Investment für einen längerfristigen Anlagehorizont.

Nun zu den langfristigen Verläufen der Gewinne, Dividenden usw. für die vier anderen Aktien unserer Liste.

Bayer

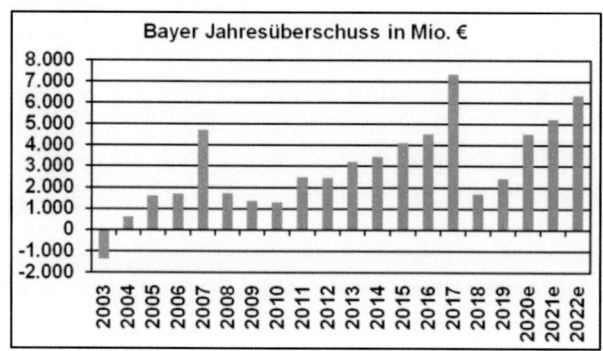

Insgesamt sieht das gut aus, sofern man den Schätzungen für die nächsten Jahre trauen kann.

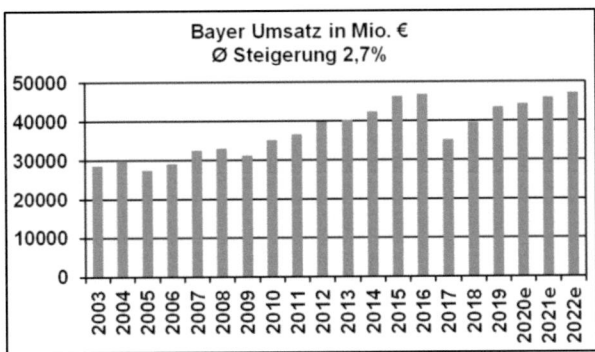

Trotz Rücksetzern insgesamt eine solide Entwicklung.

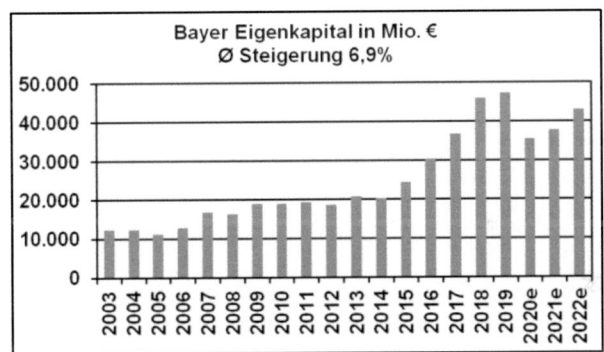

Das Eigenkapital ist über die Jahre hinweg immer weiter gewachsen.

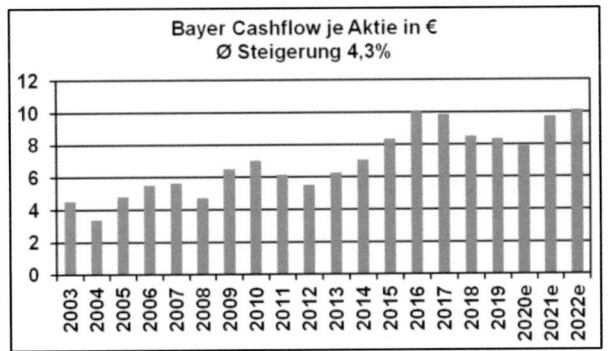

Auch der Cashflow sieht insgesamt eher erfreulich aus – ein wellenförmiger Anstieg.

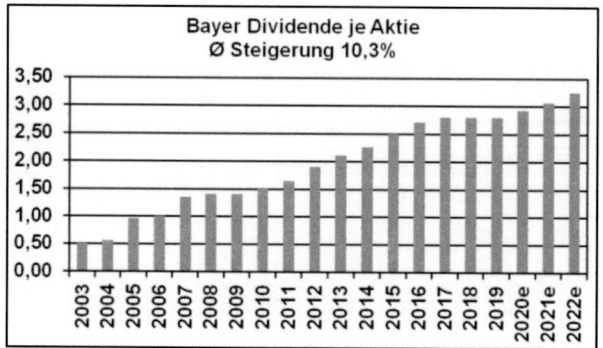

Ein sehr solider Dividendenzahler, der auch in schlechteren Geschäftsjahren ausschüttet.

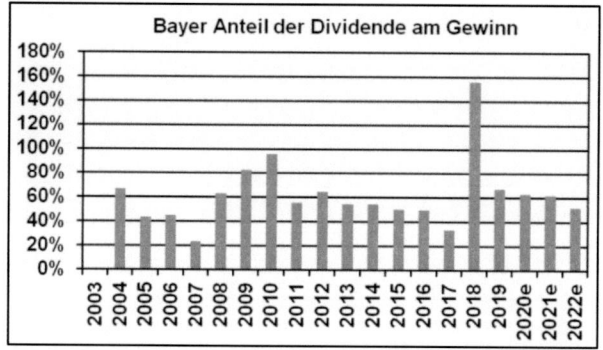

Wenn man das Diagramm mit dem zum Jahresüberschuss vergleicht, kann man erkennen, wie vernünftig bei der Dividendenzahlung vorgegangen wird. In besonders guten Jahren bleiben die Ausschüttungen in gewohntem Rahmen. Dadurch kann sich das Unternehmen auch in schlechteren Jahren die Ausschüttungen leisten.

Bisheriges Fazit: Insgesamt ist die Bayer-Aktie ein schönes Dividendeninvestment, durchaus für einen langfristigen Anlagehorizont geeignet.

Deutsche Post

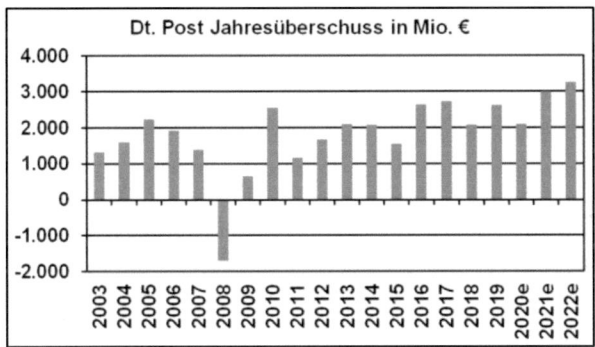

Zwar nicht gleichmäßig, dennoch steigend, bei einem Verlustjahr zwischendurch.

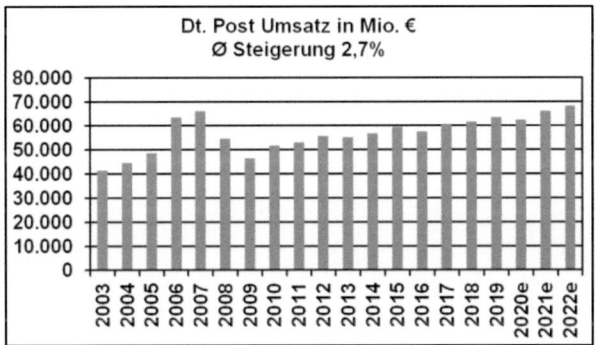

Solide Entwicklung.

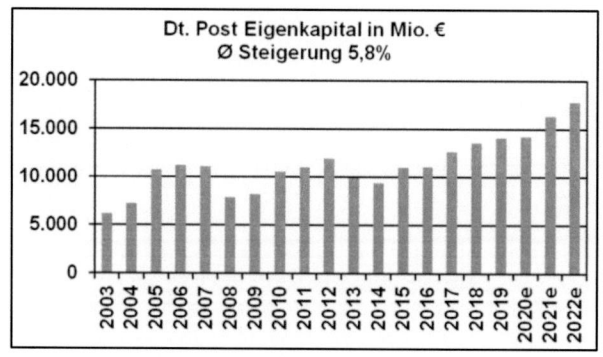

Ebenfalls eine insgesamt positive Entwicklung.

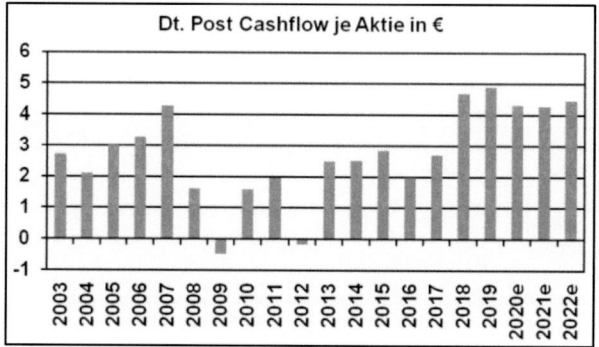

Trotz zweier Negativwerte insgesamt ganz in Ordnung.

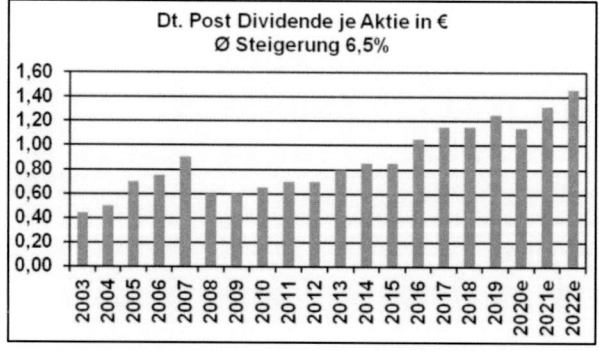

Eine insgesamt erfreuliche Entwicklung, jedoch wird die Dividende in schlechten Jahren gekürzt oder zumindest nicht erhöht.

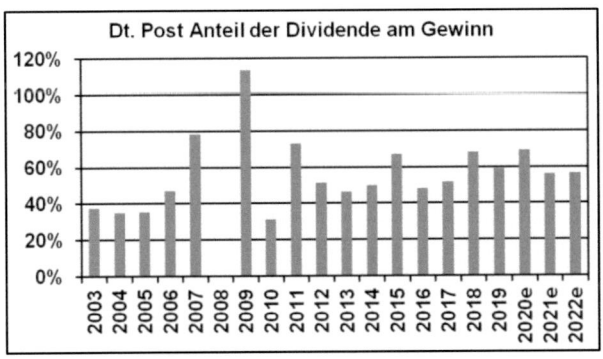

Auch der Ausschüttungsanteil wurde über diesen langen Zeitraum vernünftig bemessen.

Bisheriges Fazit: Die Aktie der Deutschen Post ist ebenfalls ein solides Dividendeninvestment, das für langfristige Geldanlage geeignet ist.

Munich Re (Münchener Rückversicherung)

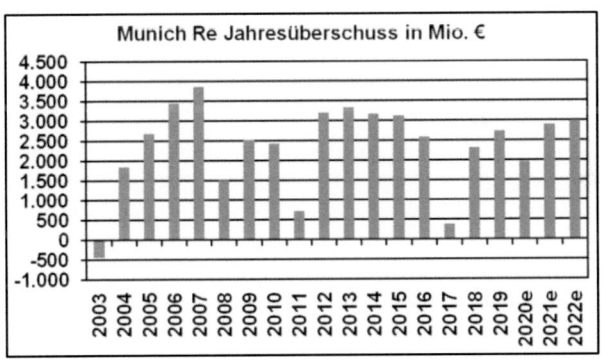

Recht wechselhaft.

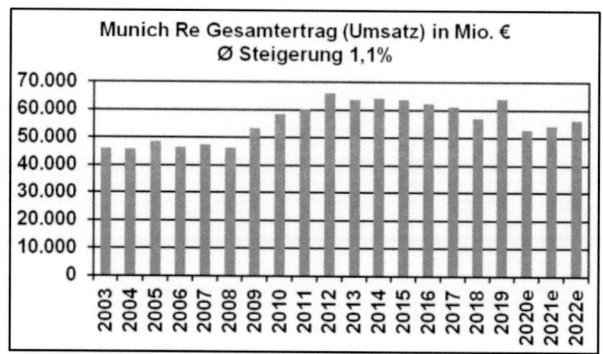

Kaum merkbarer Anstieg.

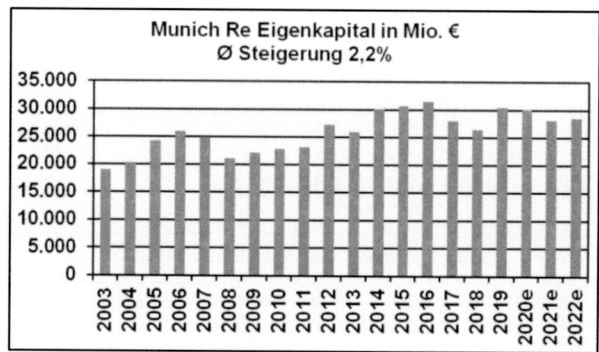

Eine solide Entwicklung.

Die rein rechnerisch durchschnittliche Steigerung von über 10 % ist nicht so ernst zu nehmen, da der Verlauf sehr schwankt und der letzte verfügbare Wert sehr hoch ist.

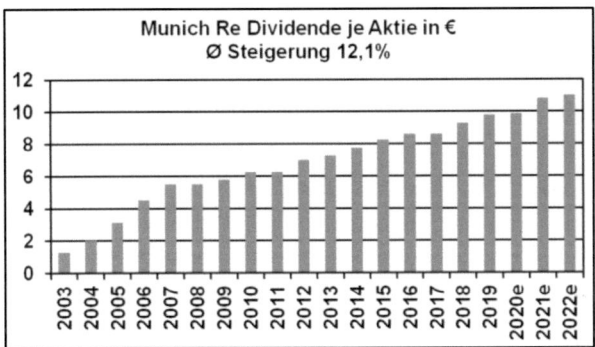

Eine überaus erfreuliche Entwicklung ...

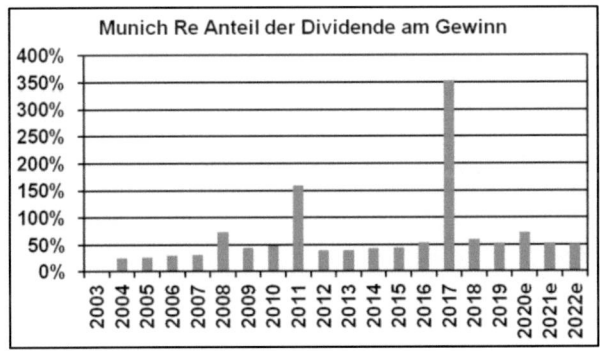

... bei insgesamt vernünftiger Ausschüttungsquote.

Bisheriges Fazit: Auch wenn hier nicht alles perfekt ist, denn das ist es nie, ist die Aktie der Munich Re (Münchener Rück) sehr gut als langfristiges Dividendeninvestment geeignet.

<u>Vonovia</u>

Die betrachteten Zahlen reichen nur bis 2013 zurück, weil die Vonovia erst seit jenem Jahr börsennotiert ist.

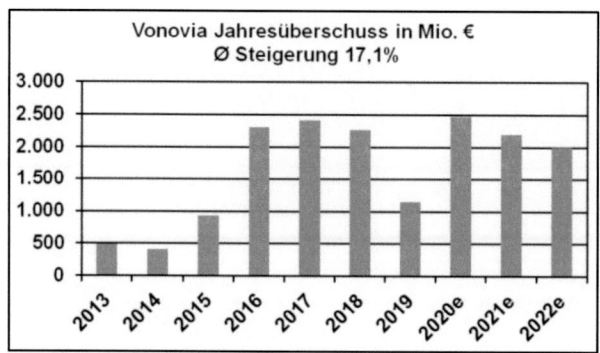

Die Steigerung seit 2013 ist enorm, jedoch mit Rücksetzern.

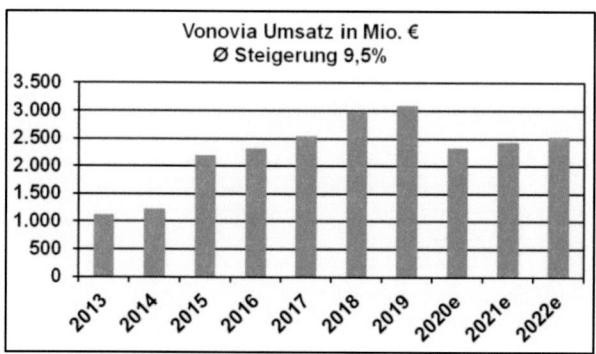

Die Steigerungsrate insgesamt ist zwar sehr schön, aber nicht gleichmäßig.

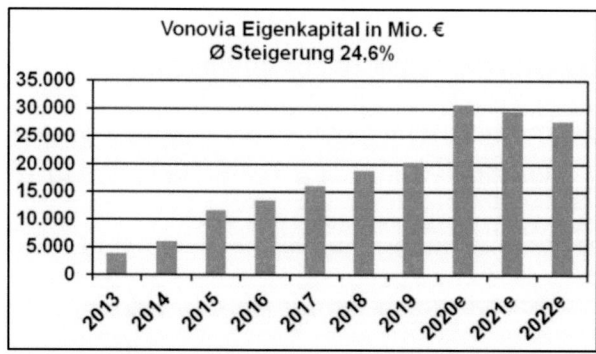

Das ist ein überaus anständiges Wachstum.

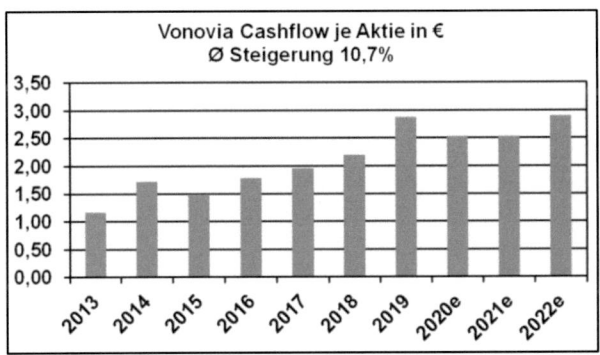

Sehr solide.

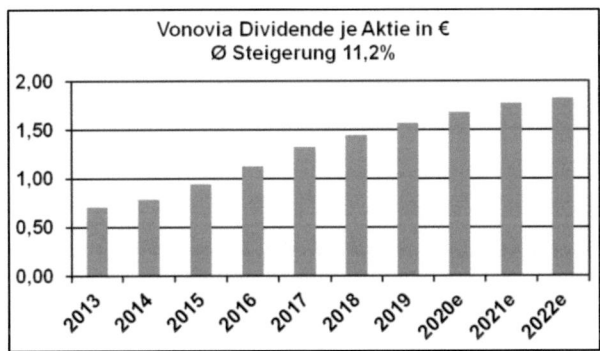

Ein sehr guter Dividendenzahler.

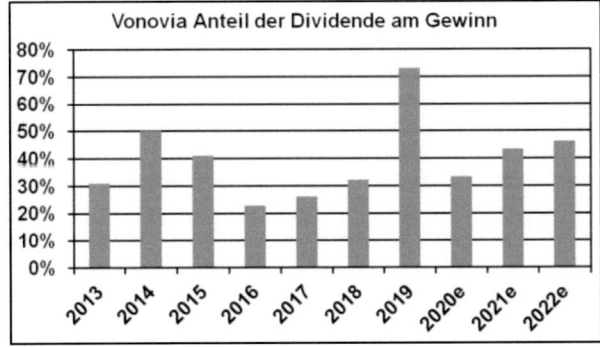

Das sieht bisher sehr gut aus. Bisher musste in keinem Jahr mehr als der Gewinn ausgeschüttet werden.

Bisheriges Fazit: Aus heutiger Sicht ist die Vonovia-Aktie als langfristiges Dividendeninvestment geeignet.

Nach diesen ausführlichen Betrachtungen möchte ich wie gewohnt eine zusammenfassende Bewertungstabelle zu den fünf verbleibenden Aktien meiner Beispielauswahl wiedergeben. Ich vergebe dazu wieder Noten.

	kurzfristig				langfristig				
	Gewinn	KGV₃	Dividende	Eigenkap.-Quote	Gewinn	Umsatz	Eigenkapital	Cashflow	Dividende
Allianz	2	1	1	2–3	2	2–3	2–3	2–3	1–2
Bayer	3	2	1	1–2	3	2	2–3	2	1–2
Dt. Post	2	3	2	2	2–3	2	2	2–3	1–2
Munich Re	3	2	1	1	3	3	2–3	3	1–2
Vonovia	3	3	2	1–2	2–3	2–3	2	1–2	1–2

Es handelt sich hier natürlich wie bei jeder Art von Bewertung um eine subjektive Betrachtung. Möglicherweise würden Sie die Zahlen bzw. Diagramme etwas anders interpretieren und bewerten als ich.

Besonderheiten von Immobilien- und Finanzfirmen

Während es bei produzierenden Firmen relativ einfach ist, Umsatz, operativen Gewinn und letzten Endes Gewinn nach Steuern, also den Jahresüberschuss, anzugeben, passen Banken, Versicherungen und Immobilienfirmen, nicht ohne weiteres in das Schema „Umsatz – EBIT – Jahresüberschuss".

Nehmen wir z. B. die Vonovia, eine Immobilienfirma. Deren Umsatz wird im Jahresbericht nicht in einer Position ausgewiesen, sondern es gibt z. B. „Erlöse aus der Immobilienbewirtschaftung", „Ergebnis aus der Veräußerung von Immobilien", „Ergebnis aus der Veräußerung von Immobilienvorräten (Development)" usw. Diese unterteilen sich wiederum in weitere Einzelpositionen.

Die Zahl, die auf den Finanzseiten wie ariva.de als Umsatz angezeigt wird, steht so nirgends im Bericht des Unternehmens. Sie wird aus den vorhandenen Angaben berechnet. Dabei gibt es zwischen den verschiedenen Finanzportalen bzw. deren Datenlieferanten Unterschiede, wie bei der Berechnung vorgegangen wird, d. h. welche Positionen aus der originalen Gewinn- und Verlustrechnung als Umsatz berücksichtigt werden und welche nicht.

Weiterhin werden im operativen Gewinn (EBIT) auch Wertfeststellungen von Immobilien beachtet, obwohl dafür nicht wirklich Geld verdient wurde. Dadurch kann es sogar vorkommen, dass auf Finanzportalen ein operatives Ergebnis (EBIT) ausgewiesen wird, das höher als der „Umsatz" ist.

Die Berechnung der Steuern bezieht sich dann natürlich darauf und so setzen sich diese Effekte bis in die Zahlen für den Jahresüberschuss fort.

Ich illustriere diese „Uneinigkeit" am Beispiel der Umsätze von Vonovia. Ich zeige dazu in der folgenden Tabelle die Angaben der Finanzportale finanzen.net, ariva.de und de.marketscreener.com.

Vonovia Umsatz	2017	2018	2019	2020e	2021e	2022e
finanzen.net	3.706,70	4.131,70	3.757,90	k. A.	2.422,64	2.528,26
ariva.de	2.543	2.984	3.092	k. A.	k. A.	k. A.
marketscreener	1.668	1.894	2.075	2.323	2.425	2.525

(Angaben in Mio. €)

Im Geschäftsbericht für 2019 stehen die folgenden Zahlen:

Erlöse aus der Immobilienbewirtschaftung:	2901,7
Ergebnis aus der Veräußerung von Immobilien:	128,8
Ergebnis a. d. Veräußerung v. Immobilienvorräten (Development):	52,2

(Angaben in Mio. €)

Diese setzen sich aus weiteren Teilpositionen zusammen. Es sieht ganz so aus, als wenn bei ariva.de einfach die Summe aus den drei Zahlen angegeben ist – zumindest ungefähr. Die Angabe bei finanzen.net kommt wahrscheinlich dadurch zustande, dass auf die Summe dieser drei Zahlen spezielle Kosten, die darin berücksichtigt sind, wieder aufgeschlagen werden. Für die bei de.marketscreener.com angegebenen Zahlen gibt es sicher auch eine plausible Erklärung.

Uns geht es aber nicht darum, die Geschäftsberichte bis ins kleinste Detail auseinandernehmen zu lernen, sondern einen Eindruck von der langfristigen Entwicklung und der Profitabilität des Unternehmens zu gewinnen und damit einzuschätzen, ob die Aktie eine gute Investition darstellt oder nicht. Vor Irrtümern und nicht vorhersehbaren Ereignissen schützen auch keine noch so genauen Zahlen.

Überhaupt sind für Immobilienfirmen anstelle von Gewinn nach Steuern (Jahresüberschuss) die sogenannten „Funds from Operations" (FFO) aussagekräftiger. Diese Größe gibt an, was wirklich verdient wurde. Ab- und Zuschreibungen sowie Erlöse aus Verkäufen werden aus den Gewinnen herausgerechnet. Es bleibt das Einkommen übrig, das kontinuierlich erwirtschaftet wurde, in der Hauptsache durch Vermietung, also das eigentliche Geschäft.

Allerdings haben die Funds from Operations keinen festgelegten Platz im Jahresabschluss und auch in den Finanzportalen findet man dazu meistens keine Angaben.

Dafür lohnt sich jedoch ein Blick in den letzten ausführlichen Geschäftsbericht. Da dieser in der Regel auf der Internetseite des Unternehmens im PDF-Format zur Verfügung gestellt wird, kann man einfach eine Volltextsuche darüber ausführen und muss nicht alles durchlesen.

So habe ich z. B. im Geschäftsbericht 2019 von Vonovia über die Volltextsuche nach „FFO" sehr schnell ein Diagramm gefunden, in dem FFO pro Aktie seit 2013 und jeweils daneben die Dividende pro Aktie dargestellt sind. Außerdem bin ich dabei auf eine Aussage gestoßen, dass Vonovia immer etwa 70 % von den FFO als Dividende ausschüttet.

Ich gebe das Diagramm in meiner eigenen Darstellung wieder.

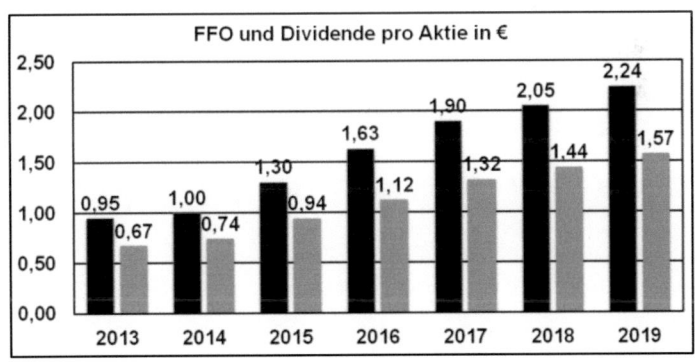

Es lässt Vonovia für Investoren in einem sehr positiven Licht dastehen.

An dieser Stelle möchte ich der Vollständigkeit halber noch sogenannte REITs erwähnen. REIT steht für Real Estate Investment Trust. Diese spezielle Form der Immobilienfirma ist vor allem in Nordamerika verbreitet. REITs genießen Steuervorteile und sind dafür dazu verpflichtet, 90 % der FFO an die Aktionäre auszuschütten. Für einkommensorientierte Investoren sind profitable REITs deshalb sehr gut als Investment geeignet.

Banken und Versicherungen passen ebenfalls nicht in das übliche Schema einer Gewinn- und Verlustrechnung. Auch hier gibt es Unterschiede, welche Positionen aus der Gewinn- und Verlustrechnung von den verschiedenen Finanzportalen als Umsatz und operatives Ergebnis (EBIT) angesehen werden. Bei Ergebnis nach Steuern (Jahresüberschuss) gibt es keinen so großen Spielraum, denn der ist im Geschäftsbericht direkt angegeben.

Rentabilitätskennzahlen (Margen und Kapitalrenditen)

Nun beschäftigen wir uns mit Kennzahlen dafür, wie profitabel die Unternehmen arbeiten.

Die **NPM Rentabilität**, wobei NPM für **net profit margin** steht, wird auch Nettomarge oder net return on sales genannt. Sie wird in Prozent angegeben und berechnet sich durch:

$$NPM = \frac{Ergebnis\ nach\ Steuer}{Umsatz}$$

Dafür wird ein Wert von mindestens 10 %, besser über 15 %, angestrebt. Hier ist es jedoch am besten, man vergleicht innerhalb einer Branche bzw. man betrachtet einen längeren Zeitraum. Auch wenn die Marge geringer ausfällt, jedoch stabil oder sogar steigend ist, ist das ein gutes Zeichen.

Ich zeige die Berechnung der NPM Rentabilität (Nettomarge) für die Bayer-Aktie im letzten Geschäftsjahr.

Beispiel Bayer-Aktie

Ergebnis nach Steuer 2019 in Mio. €: 2.411

Umsatz 2019 in Mio. €: 43.545

$$NPM = \frac{2.411}{43.545} = 0,0554 = 5,54\,\%$$

Eine weitere interessante Kennzahl ist die **operative Marge** oder **ROS (return on sales)**. Sie wird auch **EBIT-Marge** genannt. Das Prinzip zur Berechnung ist das gleiche wie für die Nettomarge, nur dass anstelle vom Gewinn nach Steuern der operative Gewinn (EBIT) eingesetzt wird.

$$ROS = \frac{Operatives\ Ergebnis\ (EBIT)}{Umsatz}$$

Richtwerte für diese Kennzahl sind 10 % bis 20 %. Auch ist das branchenabhängig.

Beispiel Bayer-Aktie

Operatives Ergebnis (EBIT) 2019 in Mio. €: 4.189

Umsatz 2019 in Mio. €: 43.545

$$ROS = \frac{4.189}{43.545} = 0,0962 = 9,62\,\%$$

Am besten ist es, die beiden Margen über einen langeren Zeitraum zu berechnen, wenigstens über die letzten Jahre und wenn möglich auch aus den Schätzungen für Umsatz, EBIT bzw. Gewinn nach Steuern für die nächsten ein bis zwei Jahre, um einen Eindruck von der Zukunftsfähigkeit des Geschäftsmodells zu gewinnen.

Auch dafür lassen sich die Daten von den Finanzportalen wieder in eine Tabellenkalkulation kopieren, um die Berechnungen dort relativ einfach auszuführen und wenn gewünscht zur Veranschaulichung in einem Diagramm darzustellen.

Ich zeige das am Beispiel von Bayer und Deutsche Post.

Bayer	...	2017	2018	2019	2020e	2021e	2022e
Umsatz in Mio. €	...	35.015	39.586	43.545	44.324	45.865	47.119
EBIT in Mio. €	...	5.903	3.914	4.189	7.880	9.050	9.861
Jahresüberschuss	...	7.336	1.695	2.411	4.512	5.217	6.336
ROS	...	16,86%	9,89%	9,62%	17,78%	19,73%	20,93%
NPM	...	20,95%	4,28%	5,54%	10,18%	11,37%	13,45%

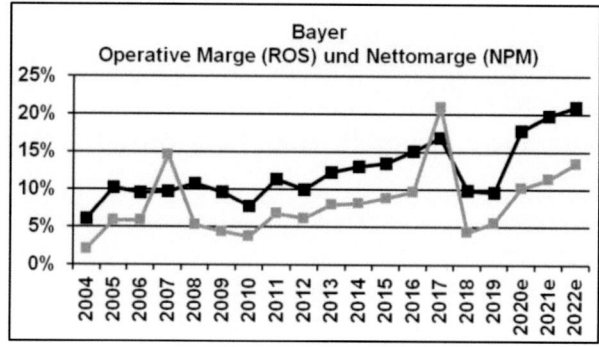

Die Entwicklung über den langen Zeitraum sieht gut aus.

Deutsche Post	...	2017	2018	2019	2020e	2021e	2022e
Umsatz in Mio. €	...	60.444	61.550	63.341	62.368	65.943	68.221
EBIT in Mio. €	...	3.739	3.163	4.136	3.626	4.756	5.245
Jahresüberschuss	...	2.713	2.075	2.623	2.094	2.985	3.253
ROS	...	6,19%	5,14%	6,53%	5,81%	7,21%	7,69%
NPM	...	4,49%	3,37%	4,14%	3,36%	4,53%	4,77%

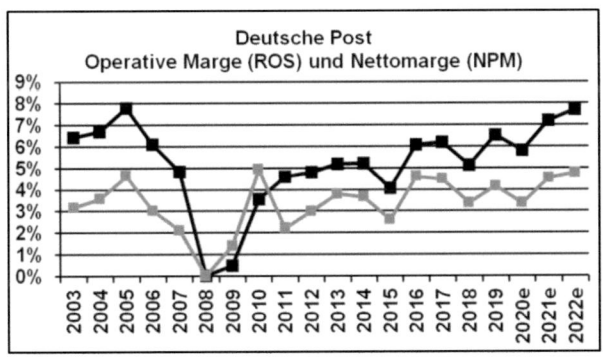

Die Margen sind zwar niedrig, aber in letzter Zeit recht stabil.

Für Immobilien- und Finanzaktien ergibt die Betrachtung dieser Margen aufgrund der im vorigen Abschnitt beschriebenen Besonderheiten wenig Sinn. Deshalb habe ich sie für die drei anderen Aktien meiner Auswahl, Allianz, Munich Re und Vonovia, weggelassen.

Abschließend möchte ich zwei weitere Renditekennzahlen erläutern und für meine Beispiele betrachten, und zwar die **Eigenkapitalrendite (ROE = return on equity)** und die **Gesamtkapitalrendite (ROC = return on capital)**.

Die Eigenkapitalrendite (ROE = return on equity) dient als Maßzahl dafür, wie gut das zur Verfügung stehende Kapital ausgenutzt wird. Sie wird in Prozent angegeben und berechnet sich wie folgt:

$$ROE = \frac{Ergebnis\ nach\ Steuer}{Eigenkapital}$$

Richtwert für eine gute Eigenkapitalrendite sind mindestens 15 %. Aber auch hier sollte wie überall die Branche nicht außer Acht gelassen bzw. ein längerer Zeitraum betrachtet werden. Auf jeden Fall sollte sich das unternehmerische Risiko lohnen. Ganz einfach ausgedrückt: Es sollte auf lange Sicht mehr Rendite herauskommen als in einer sicheren Geldanlage.

Beispiel Bayer-Aktie

Ergebnis nach Steuer 2019 in Mio. €: 2.411

Eigenkapital 2019 in Mio. €: 47.337

$$ROE = \frac{2.411}{47.337} = 0,0509 = 5,09\,\%$$

Die **ROC Rentabilität**, wobei ROC **return on capital** bedeutet, ist auch bekannt als **Gesamtkapitalrendite**.

Die Berechnung:

$$ROC = \frac{Ergebnis\ nach\ Steuer}{Gesamtkapital}$$

Beispiel Bayer-Aktie

Ergebnis nach Steuer 2019 in Mio. €: 2.411

Gesamtkapital (Bilanzsumme) 2019 in Mio. €: 126.258

$$ROC = \frac{2.411}{126.258} = 0,0191 = 1,91\,\%$$

Wir erinnern uns: Das Gesamtkapital ist gleich der Bilanzsumme oder auch Summe der Aktiva bzw. Passiva. Auch die Angabe der ROC erfolgt in Prozent.

Die Gesamtkapitalrendite ROC hängt mit der Eigenkapitalrendite ROE zusammen. Das Verhältnis zwischen Gesamtkapitalrendite und Eigenkapitalrendite entspricht der Eigenkapitalquote, die wir bereits im Schnell-Check eingeführt haben. Die Gesamtkapitalrendite lässt sich sehr gut zum Vergleich der Rentabilität von Unternehmen mit verschiedener Eigenkapitalquote verwenden.

Die obigen Beispielrechnungen sehen zwar nicht überragend aus, aber besser ist es, auch die Eigenkapital- und Gesamtkapitalrendite über einen längeren Zeitraum zu betrachten.

Ich zeige das nun für unsere fünf Beispiele und beschränke mich dabei auf Diagrammdarstellungen.

Allianz

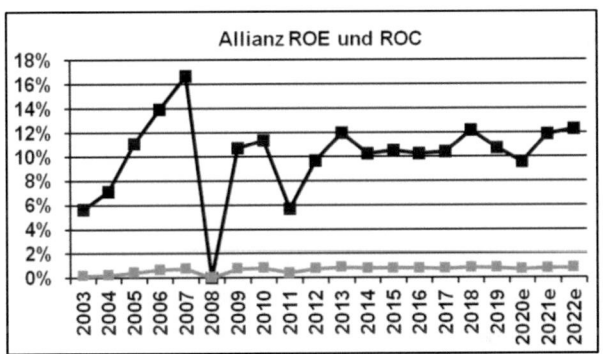

Die Werte für ROE (Eigenkapitalrendite) sehen bis auf die Ausnahme 2008 recht gut aus. Dass die Gesamtkapitalrendite im Verhältnis zur Eigenkapitalrendite sehr niedrig ist, liegt an der niedrigen Eigenkapitalquote.

Bayer

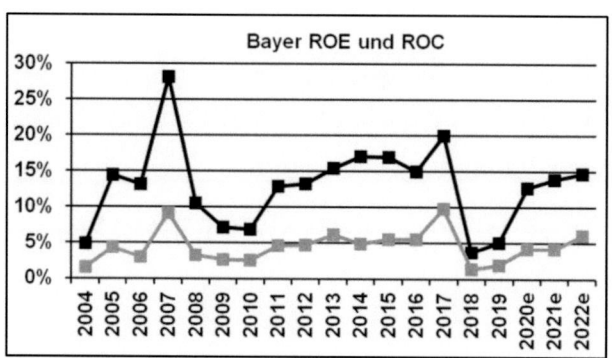

Sieht insgesamt recht gut aus mit schwächeren Jahren zwischendurch.

Deutsche Post

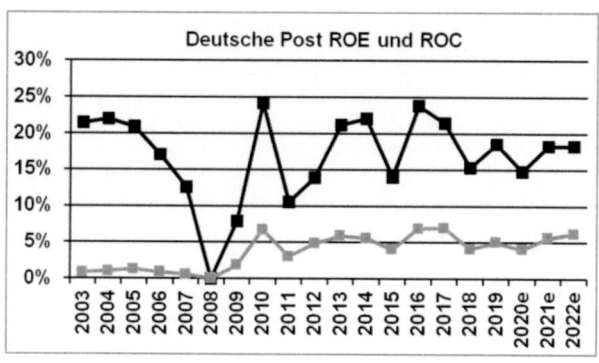

Entwicklung der Kapitalrenditen ist ebenfalls in Ordnung.

Munich Re (Münchener Rückversicherung)

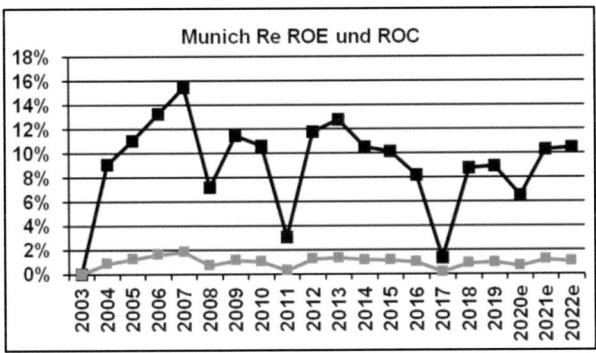

Die Renditen sind zwar wechselhaft, aber die Gesamtentwicklung ist in Ordnung.

Vonovia

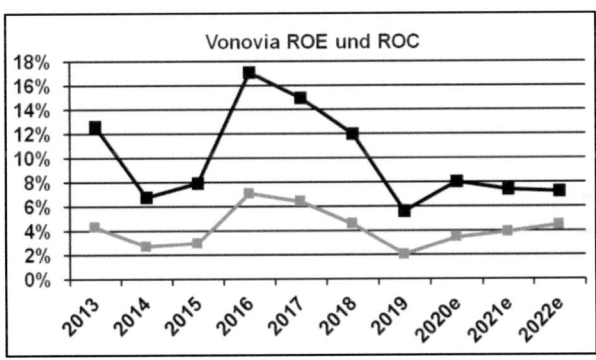

Es gibt sicher Unternehmen mit besseren Renditen, aber auch mit schlechteren.

PEG statt KGV – die Gewinnsteigerung einschätzen

Wie im Kapitel „Das erste Filtern – Dividendenrendite und KGV" angekündigt, möchte ich nun noch einmal auf das PEG (price earnings to growth ratio) oder auch Kurs-Gewinn-Wachstums-Verhältnis zurückkommen. Diese Kennzahl ist für die Einschätzung, ob eine Aktie günstig oder teuer ist, etwas besser geeignet als ein Kurs-Gewinn-Verhältnis.

Wir erinnern uns: Das Kurs-Gewinn-Verhältnis vermittelt einen Eindruck davon, wie lange es dauern würde, bis der Aktienkauf aus den Gewinnen des Unternehmens bezahlt wäre, sofern der Gewinn immer gleich dem in die Berechnungsformel eingesetzten Gewinn bliebe.

$$KGV = \frac{Aktienkurs}{Gewinn\ pro\ Aktie}$$

Das ist aber genau die Schwachstelle dieser Kennzahl, denn Gewinne bleiben in der Regel nicht gleich, sondern ändern sich von Jahr zu Jahr, im besten Falle steigen sie.

Das PEG (price earnings to growth ratio) – die deutsche Bezeichnung Kurs-Gewinn-Wachstums-Verhältnis ist nicht so gebräuchlich – bezieht ein Gewinnwachstum mit ein.

$$PEG = \frac{KGV}{Prozent\ Gewinnwachstum}$$

Der Knackpunkt dabei ist: Was setzt man hier am besten als Gewinnwachstum an? Einfach auszurechnen, um wie viel Prozent der Gewinn im nächsten Geschäftsjahr gegenüber dem aktuellen voraussichtlich steigen wird, ist oftmals nicht zielführend. Es könnte ein Ausnahmejahr dabei sein, sowohl im positiven als auch im negativen Sinne. Also ist eine längerfristige Betrachtung angebracht.

Nehmen wir als Beispiel die Bayer-Aktie und betrachten den Verlauf von Gewinn pro Aktie aus den letzten Jahren und Schätzungen für die nächsten Jahre:

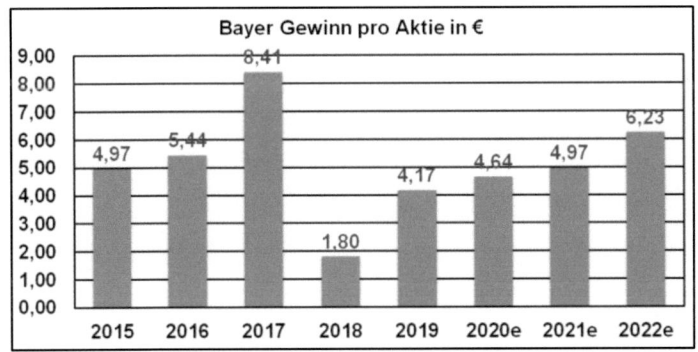

Welcher gleichmäßigen Steigerung würde das – zumindest rein rechnerisch – entsprechen?

Nehmen wir den ersten und den letzten Wert:

EPS 2015: 4,97 €

EPS 2022e: 6,23 €

Das ist eine Steigerung um

$$\frac{6,23 - 4,97}{4,97} = \frac{1,26}{4,97} = 0,2535 = 25,35\,\%$$

nach sieben Jahren.

Das entspricht einer jährlichen Steigerung von

$$\sqrt[7]{1 + 25,35\,\%} - 1 = \sqrt[7]{1,2535} - 1 = 1,0328 - 1 = 0,0328 = 3,28\,\%$$

Praxistipp: Die 7te Wurzel entspricht der Potenz mit $\frac{1}{7}$. Das funktioniert auch für beliebige andere ganzzahlige mehrjährige Zeiträume als sieben Jahre. Allgemein lautet die Formel, mit der sich die Rendite auf ein Jahr herunterrechnen lässt:

$$r = (1 + R)^{\frac{1}{n}} - 1$$

Dabei ist n die Dauer in Jahren und R die Rendite nach diesen n Jahren.

Zurück zu unserem Beispiel Bayer. Wenn wir den ersten Wert von 4,97 € siebenmal hintereinander um die errechneten 3,28 % erhöhen, erhalten wir genau den letzten Wert von 6,23 €. Ich stelle den realen und den errechneten gleichmäßigen Verlauf im folgenden Diagramm nebeneinander dar.

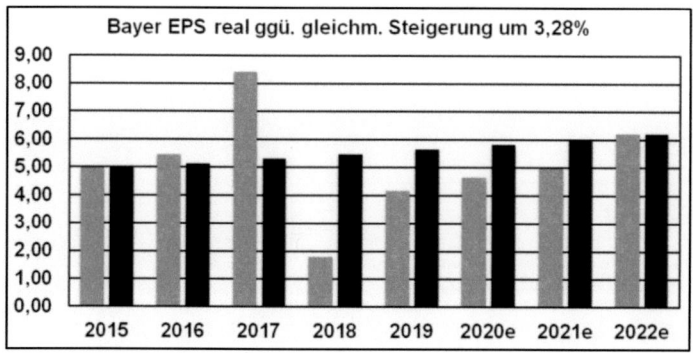

Stellen wir die gleiche Rechnung für den langen Zeitraum von 2004 bis 2022 an:

EPS 2004: 0,83 €

EPS 2022e: 6,23 €

Steigerung von 2004 bis 2022 (über 18 Jahre) gesamt: 650,60 %

Das entspricht einer jährlichen Steigerung von

$$(1 + 650,60\,\%)^{\frac{1}{18}} - 1 = 7,506^{\frac{1}{18}} - 1 = 0,1185 = 11,85\,\%$$

Der Vergleich von realem Verlauf und errechneter gleichmäßiger Steigerung grafisch veranschaulicht:

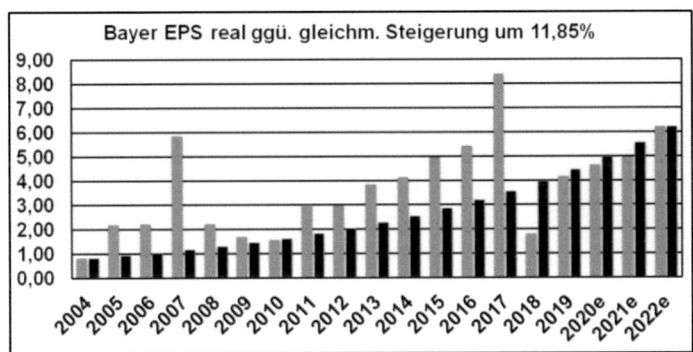

Betrachten wir nur die letzten fünf Ergebnisse der Reihe, sieht die Rechnung wiederum ganz anders aus:

EPS 2018: 1,80 €

EPS 2022e: 6,23 €

Steigerung von 2018 bis 2022 (über 4 Jahre) gesamt: 246,11 %

Das entspricht einer jährlichen Steigerung von

$$(1 + 246{,}11\,\%)^{\frac{1}{4}} - 1 = 3{,}4611^{\frac{1}{4}} - 1 = 0{,}3640 = 36{,}40\,\%$$

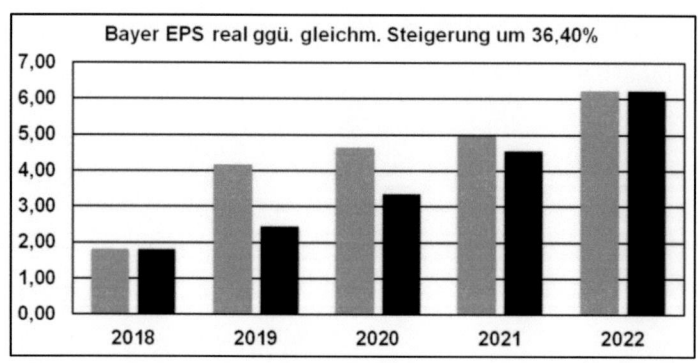

Wir haben also zur jährlichen Gewinnsteigerung mittels dieser drei Ansätze eine Spanne zwischen 3,28 % und 36,40 % ermittelt. Welche Steigerungsrate sollte nun am besten zur Berechnung eines PEG verwendet werden? Hier ist etwas Augenmaß und gesunder Menschenverstand gefragt. Ich denke, um die 11 %, was dem Ergebnis der ganz langfristigen Betrachtung entspricht, sind realistisch.

Setzen wir vorsichtshalber nur 10 % an. Als KGV verwenden wir das zuvor errechnete KGV_3 von 14,6. Dann erhalten wir für Bayer:

$$PEG = \frac{14,6}{10} = 1,46$$

Das sieht nach einer relativ günstig bewerteten Aktie aus. Selbst bei etwas gering ausfallender Gewinnsteigerung von um die 7 % deutete ein PEG von etwa 2 noch auf eine vernünftig bewertete Aktie hin.

Um den roten Faden nicht abreißen zu lassen, zeige ich nun die entsprechenden Betrachtungen zum PEG für die anderen vier Aktien meiner Liste. Das sind: Allianz, Deutsche Post, Münchener Rück und Vonovia. Ich beschränke mich dabei auf die Veranschaulichung der Gewinnsteigerung im langfristigen Säulendiagramm und verwende jeweils eine etwas geringere Steigerungsrate sowie das bereits vorher ermittelte KGV3 zur PEG-Berechnung.

Allianz

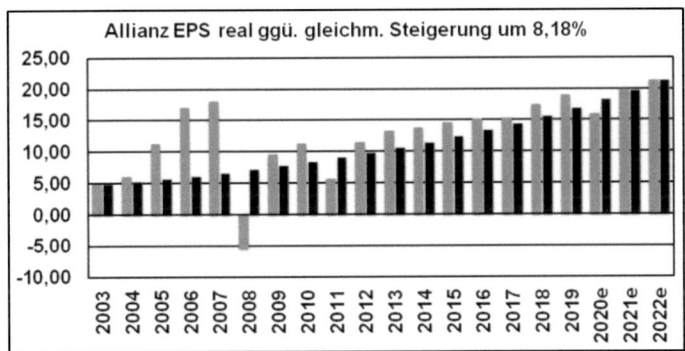

Zur PEG-Berechnung setze ich eine Gewinnsteigerung von 8 % an. Mit dem vorher ermittelten KGV3 von 10,3 ergibt sich

$$PEG = \frac{10,3}{8} = 1,29$$

Deutsche Post

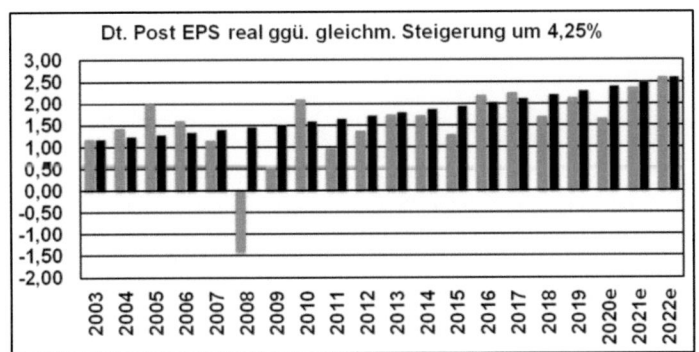

Die Gewinne schwanken ganz schön. Ich würde nur 4 % als jährliche Gewinnsteigerung ansetzen. Mit dem KGV₃ von 16,5 erhalten wir

$$PEG = \frac{16,5}{4} = 4,12$$

Munich Re

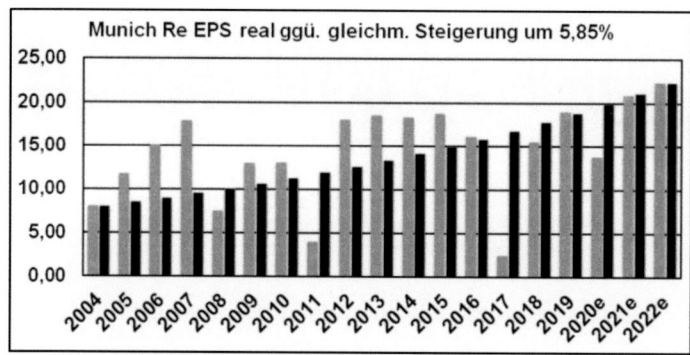

Ich verwende zur PEG-Berechnung 5 % Gewinnsteigerung und mein KGV₃ von 13,3.

$$PEG = \frac{13,3}{5} = 2,66$$

Vonovia

Hier gibt es noch keinen so langen Zeitraum. Deshalb können nur die Zahlen ab 2013 verwendet werden.

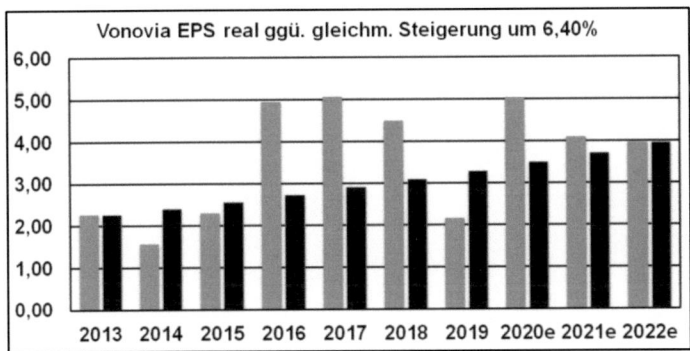

Ich verwende eine Steigerung um 6 % und einen KGV-Wert von 14,9 und erhalte

$$PEG = \frac{14,9}{6} = 2,48$$

Eigentlich kommt es bei Immobilienunternehmen eher auf die FFO (Funds from Operations) als auf den Nettogewinn an. Diese weisen eine bessere Steigerung auf. Aber diese Berechnungen können ohnehin keinen Anspruch darauf erheben, verlässliche Aussagen für die Zukunft zu liefern, sondern allenfalls Anhaltspunkte und Vergleichsmöglichkeiten. Deshalb werde ich es an dieser Stelle dabei belassen.

Nun ergänze ich meine Bewertungstabelle noch um meine Benotung für die letzten Betrachtungen zu Margen und Kapitalrenditen (Rentabilität) sowie zum PEG.

	kurzfristig				langfristig						
	Gewinn	KGV_3	Dividende	Eigenkap.-Quote	Gewinn	Umsatz	Eigenkapital	Cashflow	Dividende	Rentabilität	PEG
Allianz	2	1	1	2–3	2	2–3	2–3	2–3	1–2	1–2	1
Bayer	3	2	1	1–2	3	2	2–3	2	1–2	2	1
Dt. Post	2	3	2	2	2–3	2	2	2–3	1–2	2	3–4
Munich Re	3	2	1	1	3	3	2–3	3	1–2	2–3	2–3
Vonovia	3	3	2	1–2	2–3	2–3	2	1–2	1–2	2–3	2

Es wäre nun denkbar, die Aktie der Deutschen Post aufgrund des eher ungünstigen PEG vorerst auszusortieren. Das ist wieder eine persönliche Entscheidung.

Allgemeines zur bis hierhin beschriebenen Strategie

Die bisher beschriebene gesamte Vorgehensweise vom ersten Filtern in einem Aktienindex – in diesem Beispiel im DAX – über den Schnell-Check bis zur ausführlichen Analyse ist als Anregung für eine Strategie zur Aktienauswahl aufzufassen. So kann man systematisch vorgehen, ohne sich dabei zu verzetteln. Entscheiden Sie selbst, was Sie davon als für sich sinnvoll ansehen und übernehmen es bzw. passen es für sich an.

Anstelle auf Finanzportalen nach Aktien mit bestimmten Eigenschaften zu filtern, können Sie auch ganz pragmatisch vorgehen, indem Sie beobachten, mit welchen großen Unternehmen Sie in Ihrem Alltag zu tun haben. Sofern es börsengehandelte Aktiengesellschaften sind, können Sie diese wie hier beschrieben analysieren und entscheiden, ob Sie Aktien davon kaufen möchten oder nicht.

Einmal aussortierte Aktien müssen nicht für immer aussortiert bleiben. Möglicherweise ist nur der Kurs momentan zu hoch dafür, dass es ein gutes Investment für Sie ist, und Sie erhalten irgendwann Gelegenheit, zu einem günstigeren Kurs einzukaufen. Dagegen ist nichts einzuwenden, sofern das Umfeld noch stimmt.

Weiteres zur Aktienauswahl

Bevor ich mit der eigentlichen Strategie fortfahre, möchte ich zusätzliche Aspekte darstellen, auf die es sich von vornherein zu achten lohnt. Das sind Vorzugsaktien, Besteuerung von Dividenden und Aktienrückkäufe.

Vorzugsaktien

Oftmals ist es von Vorteil, Vorzugsaktien anstelle von Stammaktien zu kaufen, insbesondere bei deutschen Aktiengesellschaften. Nicht jedes Unternehmen gibt sowohl Vorzugs- als auch Stammaktien aus. Einige tun es jedoch, weil sie das Mitspracherecht durch zu viele Aktionäre einschränken wollen, denn der wesentliche Unterschied zwischen Stamm- und Vorzugsaktien besteht im Stimmrecht. Stammaktien haben in der Regel ein Stimmrecht, Vorzugsaktien nicht.

Der Vorteil von Vorzugsaktien besteht im Wesentlichen in der Dividendenrendite. Meistens wird eine etwas höhere Dividende darauf ausgeschüttet als auf die Stammaktie. Der Unterschied zwischen den Dividendenbeträgen mag zwar gering sein, jedoch notieren Vorzugsaktien oftmals niedriger als die entsprechenden Stammaktien, was sich positiv auf die erzielte Dividendenrendite auswirkt.

Eine Vorzugsaktie steht für den gleichen Anteil am Wert des Unternehmens wie eine Stammaktie. Der Unterschied in der Notierung liegt im Mitspracherecht begründet. Besonders im Vorfeld von Übernahmen ist es von Vorteil, in Stammaktien investiert zu sein, da diese dann in der Regel sehr viel mehr steigen als die Vorzugsaktien, weil in jener Situation vor allem die Mitspracherechte aufgekauft werden. Allgemein legen Privatanleger meistens keinen Wert darauf, ihr Stimmrecht auszuüben. Wirklich etwas durch ihre Stimmen bewirken können ohnehin nur Großaktionäre.

In der hier beschriebenen Strategie wird sehr großen Wert auf eine möglichst hohe und beständige Dividendenrendite gelegt. Deshalb ist ein Kauf der Vorzugsaktie gegenüber der Stammaktie meistens von Vorteil.

Welche Arten von Aktien ein Unternehmen ausgegeben hat, können Sie auf der Webseite des Unternehmens im Investor-Relations-Bereich, wo auch die einzelnen Geschäftsberichte bereitgestellt werden, erfahren. Außerdem steht diese Information auch meistens auf den Finanzportalen im Internet.

Zum Beispiel finden Sie bei ariva.de jeweils auf der Seite zur einzelnen Aktie unter dem Punkt „Übersicht" im Bereich „Aktie und Unternehmen", ob es noch eine andere Aktiensorte gibt.

Unter den übriggebliebenen Unternehmen meiner Beispielauswahl befinden sich keine, zu denen sowohl Stamm- als auch Vorzugsaktien gehandelt werden. Deshalb ziehe ich als Beispiel ein bereits aussortiertes Unternehmen heran, und zwar BMW.

Suchen wir diese bei ariva.de heraus, finden wir unter „Übersicht" unter der Überschrift „BMW Aktie und Unternehmen" neben der Aktienanzahl auch noch „BMW Vz" aufgeführt, was für die Vorzugsaktie steht.

Betrachten wir diese, sehen wir hier einen sehr viel niedrigeren Kurs von 43,80 € gegenüber dem der Stammaktie von 58,02 €. (Die Kurse stammen vom 06.07.2020.) Die letzte Dividende liegt für 2019 bei 2,52 € gegenüber 2,50 € für die Stammaktie. Damit beträgt die Dividendenrendite für die Vorzugsaktie

$$Dividendenrendite = \frac{2,52\ €}{43,80\ €} = 5,7\ \%$$

Für die Stammaktie beträgt sie

$$Dividendenrendite = \frac{2,50\ €}{58,02\ €} = 4,3\ \%$$

Für einen Dividendeninvestor wäre es wohl sinnvoll, anstelle der Stammaktie besser die Vorzugsaktie zu kaufen, natürlich nur, sofern die anderen Kriterien (Gewinnsteigerung, Ausschüttungsquote usw.) auch stimmen. Allerdings sieht das für BMW nicht so rosig aus.

Es kann jedoch auch vorkommen, dass mit der Stammaktie eine höhere Rendite erzielt wird als mit der Vorzugsaktie. Deshalb lässt sich aus Dividendeninvestoren-Sicht nicht pauschal sagen, dass es immer besser ist, die Vorzugsaktie zu kaufen, sofern es beide Aktienarten gibt.

Besteuerung von Dividenden

Steuerregelungen können und werden sich immer wieder ändern. Dennoch ist eine grobe Vorstellung, wie sie funktionieren, sehr nützlich. Ich beschreibe zunächst, wie das in Deutschland derzeit (2020) für die meisten inländischen Aktien gehandhabt wird.

Sofern Sie noch einen ausreichenden Betrag aus Ihrem Freistellungsauftrag übrig haben, werden keine Steuern abgezogen. Ansonsten funktioniert das wie folgt.

Vom Dividendenbetrag werden 25 % Abgeltungssteuer abgezogen, danach noch der sogenannte Solidaritätszuschlag. Dieser beträgt 5,5 % des Abgeltungssteuerbetrages. Für Kirchenmitglieder wird zusätzlich Kirchensteuer einbehalten. Ich lasse die Kirchensteuer außen vor.

5,5 % von 25 % sind

$$0,25 \cdot 0,055 = 0,01375 = 1,375 \,\%$$

Also ergeben sich mit Abgeltungssteuer und Solidaritätszuschlag insgesamt Abzüge von 26,375 %. Es bleiben:

$$100 \,\% - 26,375 \,\% = 73,625 \,\%$$

Sofern man noch Kirchensteuer bezahlen muss, bleibt noch weniger.

<u>Beispiel</u>

Angenommen, Sie haben 20 Aktien im Depot, die Sie für etwa 100 € pro Stück inklusive Transaktionskosten gekauft haben, also insgesamt für 2.000 €. Nun wird eine Dividende von 4 € pro Stück gezahlt. Das ist insgesamt ein Betrag von 80 €, was eine Dividendenrendite von 4 % bedeuten würde. Darin sind die Abzüge aber noch nicht berücksichtigt.

Berechnung der Abzüge:

$$Abgeltungssteuer = 80 \,€ \cdot 25 \,\% = 80 \,€ \cdot 0,25 = 20 \,€$$

$$Solidarit\ddot{a}tszuschlag = 20 \,€ \cdot 5,5 \,\% = 20 \,€ \cdot 0,055 = 1,10 \,€$$

Bleiben also

$$80 \,€ - 20 \,€ - 1,10 \,€ = 58,90 \,€$$

Oder man rechnet gleich:

$$80 \,€ \cdot 73,625 \,\% = 80 \,€ \cdot 0,73625 = 58,90 \,€$$

Das ist in Wirklichkeit eine Rendite von

$$\frac{58{,}90\ \text{\euro}}{2.000\ \text{\euro}} = 0{,}0294 = 2{,}94\ \%$$

Wir hätten auch gleich rechnen können:

$$4\ \% \cdot 73{,}625\ \% = 0{,}04 \cdot 0{,}73625 = 0{,}0294 = 2{,}94\ \%$$

Rechnen wir nun die wirklichen Dividendenrenditen unserer vorher herausgefilterten und ausführlich betrachteten Beispiele aus.

Name	Dividende	Kurs aktuell	Rendite brutto	Rendite nach Steuer
Allianz	9,60 €	187,36 €	5,12%	3,77%
Bayer	2,80 €	66,93 €	4,18%	3,08%
Munich Re	9,80 €	237,50 €	4,13%	3,04%
Vonovia	1,57 €	55,90 €	2,81%	2,07%

Es kommt jedoch auch vor, dass von Dividendenzahlungen in Deutschland zunächst keine Steuern abgezogen werden, so dass die Brutto-Dividende ausgezahlt wird. Das ist dann möglich, wenn das Unternehmen die Dividende als aus Kapitalreserven ausgezahlt geltend machen kann.

Interessanterweise hat die Deutsche Post das jahrelang praktiziert, obwohl in den Jahresabschlüssen durchaus Gewinne ausgewiesen sind. Siehe auch meine Diagrammdarstellung zum Anteil der Dividende am Gewinn für die Deutsche Post.

Die Steuern bekommt man hier jedoch nicht geschenkt, sondern nur gestundet. Denn im Gegenzug wird der Einstandskurs, also der Kurs, zu welchem die Aktie als gekauft gilt, um den Dividendenbetrag gesenkt, so dass man beim Verkauf der Aktie höher im Plus ist und damit dann die Steuern nachzahlt. Solange man die Aktie jedoch hält, muss man das nicht.

Für **Dividendenzahlungen ausländischer Aktien** gelten vom jeweiligen Land abhängige unterschiedliche Regelungen. Meistens erfolgt zunächst ein Steuerabzug durch den ausländischen Fiskus, die sogenannte Quellensteuer. Zusätzlich greift der deutsche Fiskus zu.

Jedes Land hat seine eigenen Regeln bzw. Prozentsätze. Darüber hinaus gibt es individuelle Steuerabkommen zwischen den einzelnen Ländern und Deutschland, ob diese ausländischen Abzüge ganz oder zum Teil auf die deutschen Steuern angerechnet werden, um Doppelbesteuerung zu vermeiden oder wenigstens zu vermindern.

Wenn dann noch mehrfach gezahlte Steuern übrigbleiben, kann man sich diese als Anleger von der ausländischen Steuerbehörde zurückerstatten lassen. Das ist mit zusätzlichem Aufwand verbunden und funktioniert je nach Land unterschiedlich gut.

Sie sollten deshalb versuchen, sich vor der Auswahl von ausländischen Dividendenaktien über die diesbezüglichen Verhältnisse zu informieren, um die real erzielbare Dividendenrendite richtig abschätzen zu können.

Beispiel: österreichische Dividendenaktien

Nehmen wir an, Sie haben als in Deutschland ansässiger und steuerpflichtiger Anleger österreichische Dividendenaktien gekauft. Von der Dividende werden 27,5 % österreichische Quellensteuer abgezogen. Davon werden jedoch nur 15 % auf die deutsche Abgeltungssteuer angerechnet. Verwenden wir zwecks Vergleichbarkeit die Zahlen aus dem vorigen Beispiel.

Sie haben also 20 Stück zu je 100 € gekauft. Nun gibt es eine Dividende von 4 € pro Aktie. Gekostet hat die gesamte Position also 2.000 €. Die Bruttodividende beträgt mit insgesamt 80 € auch hier 4 %.

Quellensteuer $= 80\,€ \cdot 27,5\,\% = 80\,€ \cdot 0,275 = 22\,€$

Dass 15 % auf die deutsche Abgeltungssteuer angerechnet werden, bedeutet, dass im Endeffekt 10 % statt 25 % erhoben werden, allerdings ebenfalls bezogen auf den gesamten Bruttobetrag von 80 €.

Abgeltungssteuer $= 80\,€ \cdot 10\,\% = 80\,€ \cdot 0,1 = 8\,€$

Zusätzlich werden 5,5 % der Abgeltungssteuer als Solidaritätszuschlag abgezogen.

Solidaritätszuschlag $= 8\,€ \cdot 5,5\,\% = 8\,€ \cdot 0,055 = 0,44\,€$

Übrig bleiben also nur noch

$$80\,€ - 22\,€ - 8\,€ - 0,44\,€ = 49,56\,€$$

Damit sinkt die Rendite auf

$$\frac{49,56\,€}{2.000\,€} = 0,0248 = 2,48\,\%$$

Nun kann man sich die noch nicht angerechneten Steuern aus Österreich wieder zurückerstatten lassen. Dazu muss man die richtigen Formulare bei der österreichischen Finanzbehörde einreichen. Ob man diesen Aufwand betreiben möchte, hängt sicher vom konkreten Betrag ab.

Es gibt aber einige Länder, deren Dividendenbesteuerung für Anleger in Deutschland nicht ungünstiger ist als bei deutschen Aktien. Dazu gehören z. B. die USA und Großbritannien.

Von US-amerikanischen Aktien werden 15 % als Quellensteuer abgezogen. Diese 15 % werden jedoch vollständig auf die Abgeltungssteuer angerechnet, so dass dann nur noch die restlichen 10 % an den deutschen Fiskus weitergeleitet werden. Ein netter Nebeneffekt dabei ist, dass der Solidaritätszuschlag niedriger ausfällt, da er aufgrund des reduzierten Abgeltungssteuerbetrages berechnet wird.

Von Dividenden aus Großbritannien wird überhaupt keine Quellensteuer abgezogen. Hier greift nur die übliche Abgeltungssteuer plus Solidaritätszuschlag genauso wie bei inländischen Aktien.

Das Bundeszentralamt für Steuern stellt auf seiner Webseite https://www.bzst.de jedes Jahr eine aktuelle Tabelle zur Besteuerung ausländischer Dividenden und Zinsen zum Download bereit. Diese finden Sie derzeit unter „Steuern International / Ausländische Quellensteuer". Hier ist die vollständige URL zur Download-Seite:

https://www.bzst.de/DE/Privatpersonen/Kapitalertraege/Auslaendisc heQuellensteuer/auslaendischequellensteuer_node.html

In der Datei kann man für jedes Land den Quellensteuersatz und den Prozentsatz, der auf die Abgeltungssteuer angerechnet wird, nachschlagen.

Allerdings sollte man sich jeweils zusätzlich informieren, ob weitere Voraussetzungen erfüllt werden müssen, damit das wirklich wie angegeben funktioniert. Eine Suche im Internet ist dabei oftmals sehr schnell zielführend.

Zum Beispiel ist dort für französische Dividenden ein Quellensteuersatz von 12,8 % angegeben, wovon auch die gesamten 12,8 % auf die Abgeltungssteuer angerechnet werden. In der Realität funktioniert das jedoch nicht automatisch.

Damit der Quellensteuersatz wirklich nur 12,8 % beträgt, muss man den französischen Behörden vorher, d. h. vor der Dividendenzahlung nachweisen, dass man in Deutschland steuerpflichtig ist. Ansonsten werden bis zu 28 % Quellensteuer abgezogen, aber davon trotzdem nur 12,8 % auf die deutsche Abgeltungssteuer angerechnet.

Um sich nachträglich die zu viel in Frankreich entrichteten Steuern zurückzuholen, ist man auf die Bank angewiesen, weil die französischen Behörden so etwas nur noch auf diesem Wege akzeptieren. Das kostet dann aber wiederum so hohe Gebühren, dass es meistens nicht lohnt. Damit von vornherein nur 12,8 % in Frankreich abgezogen werden, ist ein vorheriger Antrag nötig. Auch dabei kann nur die Bank helfen. Alle Banken bieten diesen Service jedoch nicht an, und falls doch, kostet er trotzdem Gebühren, wenn diese auch geringer sind. Außerdem muss das alle drei Jahre wiederholt werden.

Wer diesen Aufwand nicht betreiben kann oder möchte, bleibt auf den höheren Abzügen sitzen. Für das bisher in diesem Abschnitt verwendete Beispiel sieht das wie folgt aus:

Beispiel: französiche Dividende ohne Vorabbefreiung

Bestand: 20 Aktien zu je 100 € gekauft. Kaufpreis: 2.000 €.

Dividende 4 € pro Aktie. Bruttodividende insgesamt: 80 €. Das sind 4 % bezogen auf den Kaufpreis.

$Quellensteuer = 80 \text{ €} \cdot 28\,\% = 80 \text{ €} \cdot 0{,}28 = 22{,}40 \text{ €}$

Auf die Abgeltungssteuer von 25 % werden nur 12,8 % angerechnet. Es bleiben also noch 12,2 %.

$Abgeltungssteuer = 80 \text{ €} \cdot 12{,}2\,\% = 80 \text{ €} \cdot 0{,}122 = 9{,}76 \text{ €}$

$Solidarit\ddot{a}tszuschlag = 9{,}76 \text{ €} \cdot 5{,}5\,\% = 9{,}76 \text{ €} \cdot 0{,}055 = 0{,}54 \text{ €}$

Übrig bleiben

80 € − 22,40 € − 9,76 € − 0,54 € = 47,30 €

Die Rendite sinkt damit auf

$$\frac{47,30 \text{ €}}{2.000 \text{ €}} = 0,0237 = 2,37 \%$$

Wenn Sie also als Anleger in Deutschland zu einem Investment in eine französische Dividendenaktie eine für Sie gleichwertige Alternative mit vergleichbarer Bruttodividende in Gestalt einer deutschen, amerikanischen oder britischen Aktie finden, ist es meistens ratsam, die Alternative zu wählen.

Hier noch die Formel zur Berechnung, welcher Anteil der Dividendenrendite unterm Strich übrig bleibt, wenn Quellensteuersatz und angerechneter Satz gegeben sind:

$Anteil = 1 - q - 1,055 \cdot (25 \% - a)$

Dabei ist q der ausländische Quellensteuersatz, a der auf die Abgeltungssteuer angerechnete Satz.

Für Deutschland ist q = 0 % und a = 0 %, also

$$Anteil = 1 - 0 - 1,055 \cdot (25 \% - 0) = 1 - 1,055 \cdot 0,25 = 1 - 0,26375$$
$$= 0,73625 = 73,625 \%$$

Für Österreich ist ohne Zusatzantrag q = 27,5 % und a = 15 %, also

$$Anteil = 1 - 27,5 \% - 1,055 \cdot (25 \% - 15 \%)$$
$$= 1 - 27,5 \% - 1,055 \cdot 10\% = 1 - 0,275 - 1,055 \cdot 0,1$$
$$= 1 - 0,275 - 0,1055 = 0,6195 = 61,95 \%$$

Für Frankreich ist ohne Zusatzantrag im schlimmsten Fall q = 28 % und a = 12,8 %, also

$$Anteil = 1 - 28\,\% - 1{,}055 \cdot (25\,\% - 12{,}8\,\%)$$
$$= 1 - 28\,\% - 1{,}055 \cdot 12{,}2\,\% = 1 - 0{,}28 - 1{,}055 \cdot 0{,}122$$
$$= 1 - 0{,}28 - 0{,}12871 = 0{,}59129 = 59{,}129\,\%$$

Die Beispiele sind – wie alle anderen Beispiele in diesem Buch – eine Momentaufnahme. Die Steuerregelungen können sich ändern, sie haben sich bereits öfter geändert.

Aktienrückkäufe

Aktienrückkäufe haben in den letzten Jahren an Bedeutung gewonnen. Wie der Name schon sagt, bedeutet das, dass Unternehmen ihre eigenen Aktien zurückkaufen. In manchen Fällen werden sie vernichtet, in anderen bleiben sie als Bilanzposition erhalten, so dass sie theoretisch wieder ausgegeben werden können.

Aktienrückkäufe sind neben Dividendenausschüttungen etwas, wofür überschüssiges Geld verwendet werden kann, wenn es keine bessere Investitionsmöglichkeit gibt. Ab einer bestimmten Größe stoßen profitable Unternehmen an ihre Grenzen, was weitere Investitions- und Expansionsmöglichkeiten angeht, so dass Aktienrückkäufe vernünftig sind.

Aktienrückkäufe haben für Anleger sowohl Vor- als auch Nachteile. Durch Aktienrückkäufe lassen sich die Kennzahlen, die pro Aktie berechnet werden, schönen. Wenn die Anzahl der ausstehenden Aktien sinkt, steigt der Gewinn pro Aktie mehr als der gesamte Jahresüberschuss. Es ist sogar möglich, dass der eigentliche Gewinn stagniert oder sinkt, während der Gewinn pro Aktie hohe Steigerungsraten aufweist. So gelangt man als Anleger möglicherweise zu falschen Entscheidungen. Deshalb ist es ratsam, nicht nur die Entwicklung vom Gewinn pro Aktie hinsichtlich ihrer Steigerung zu betrachten, sondern auch den gesamten Gewinn nach Steuern.

Der Vorteil von Aktienrückkäufen besteht für den Aktionär darin, dass ihm, wenn es weniger Aktien gibt, automatisch ein größerer Anteil am Unternehmen gehört. Damit erhält er auch einen größeren Anteil vom ausgeschütteten Dividendenbetrag, weil dieser auf weniger Aktien aufgeteilt wird.

In unseren während der Beispielanalysen betrachteten Unternehmen haben zwar zum Teil Aktienrückkäufe stattgefunden, jedoch in einem vertretbaren Rahmen.

Aktienkauf

Sie haben Aktien gefunden, die Sie für kaufenswert halten. Vielleicht sind es sogar noch bessere Möglichkeiten als jene aus den betrachteten Beispielen.

Am besten benutzen Sie ein Depot bei einer Direktbank bzw. einem Direktbroker. Welcher Anbieter für Sie geeignet ist, hängt davon ab, wie groß die einzelnen Aktienpositionen sind, die Sie eingehen möchten oder können.

Im Grunde genommen gibt es drei Möglichkeiten:

1. Sie möchten Aktien in Tranchen zu mindestens 1.000 €, besser ab 2.000 € kaufen.

2. Sie möchten kleinere Einzelkäufe im Umfang von 100 € oder etwas mehr tätigen

3. Sie möchten (mehr oder weniger) regelmäßig über Sparpläne ab 25 € in Aktien investieren.

Welche Möglichkeit für Sie in Betracht kommt, hängt von den Ihnen zur Verfügung stehenden Mitteln ab. Auf jeden Fall sollten Sie das

Risiko streuen, indem Sie in verschiedene Aktien aus verschiedenen Branchen und Ländern investieren. Mindestens 20 bis 30 Aktien sollten es schon sein.

Sie können bereits mit dem Kauf der ersten Aktien beginnen, wenn Sie noch nicht genügend Kapital für die angestrebte Anzahl Ihrer Aktienpositionen zusammen haben. Sparen Sie weiter und nehmen Sie die Risikostreuung im Laufe der Zeit vor.

Wenn Sie die erste Möglichkeit, Einzelkäufe im Umfang von mindestens 1.000 €, praktizieren möchten, so ist ein etablierter klassischer Online-Broker für Sie geeignet. Sie können dort Order an allen geläufigen Börsenplätzen über nahezu alle handelbaren Aktien aufgeben.

Hier besteht eine übliche Berechnung von Transaktionskosten für Aktienkäufe und Verkäufe aus einer moderaten Grundgebühr um die 5 € und einer von der Gesamtsumme abhängigen Provision von etwa 0,25 %. Meistens werden noch ein Minimum und ein Maximum für die Kosten festgelegt. Dafür sind etwa 10 € bzw. 60 € üblich.

Rechenbeispiel:

Gekauft werden 200 Aktien zu je 10 €, also Aktien im Wert von 2.000 €.

Dann berechnen sich die Transaktionskosten:

$$5 € + 0,25 \% \cdot 2.000 € = 5 € + 0,0025 \cdot 2.000 € = 10 €$$

Das sind 0,5 % des Kaufwertes. Die Aktien kosten dann inklusive der Ordergebühren 2.010 €. Der Kauf von nur 100 Aktien würde jedoch ebenfalls diese 10 € Gebühren kosten, weil das der Mindestbetrag ist. In dem Fall würden die Kosten bereits 1 % des Kaufwertes ausmachen.

Beim Kauf von 400 Aktien zu je 10 €, also Aktien im Gesamtwert von 4.000 €, sieht die Berechnung der Kosten so aus:

$$5 € + 0{,}25\,\% \cdot 4.000 € = 5 € + 0{,}0025 \cdot 4.000 € = 15 €$$

Das sind dann nur noch 0,375 % des Orderwertes.

Je nachdem, an welcher Börse Sie Ihre Order platzieren lassen, können zusätzliche börsenabhängige Gebühren entstehen.

Einige Depotbanken bieten Neukunden sogenannte Freetrades an. Das heißt, Sie können die ersten Käufe gebührenfrei tätigen. So haben Sie die Möglichkeit, bereits mit einer kleineren Summe mehr verschiedene Aktien zu kaufen, wodurch eine bessere Streuung erreicht wird als mit zunächst weniger Aktienpositionen.

Inzwischen gibt es auch die ersten Broker, bei denen (fast) keine Transaktionskosten anfallen. Diese können Sie nutzen, wenn Sie kleinere Käufe im dreistelligen Bereich – siehe obige zweite Möglichkeit – tätigen möchten. Allerdings stehen Ihnen dort meistens nicht alle Börsenplätze zur Verfügung, sondern oftmals nur ein bestimmter Direkthändler. Der Unterschied zum Handel an einer Börse besteht darin, dass Kurse (Preise) für Kauf bzw. Verkauf einer Aktie nicht durch Abgleich der eingegebenen Kauf- und Verkaufsaufträge ermittelt, sondern durch den Händler festgelegt werden. Völlig frei ist der Händler bei seiner Preisgestaltung aber nicht, denn sonst würde dort niemand kaufen oder verkaufen. Die Kurse von Direkthändlern unterscheiden sich kaum von den üblichen Börsenkursen. Zumindest ist das so, wenn die Börsen geöffnet sind. Die Direkthändler bieten jedoch auch Käufe und Verkäufe an, wenn die Börsen geschlossen sind. Sie verdienen über den Spread. Das ist der Abstand zwischen Kauf-

und Verkaufspreis. Wenn die Börse geschlossen hat, ist der Spread in der Regel höher als sonst.

Wenn Sie die dritte Möglichkeit verfolgen möchten, also regelmäßig mit kleinen Beträgen in Aktien investieren, benötigen Sie einen Online-Broker, der Aktiensparpläne anbietet und dazu eine möglichst große Auswahl an Aktien für die Sparpläne zur Verfügung stellt. Die Liste sparplanfähiger Aktien sollte über die Webseite des Brokers einsehbar sein. Aktiensparpläne funktionieren meistens bereits ab 25 € pro Kauf, bei einigen Anbietern jedoch erst ab 50 €.

Dabei wird ein Teil der jeweiligen Sparrate als Gebühr abgezogen. Diese beträgt bei den meisten Anbietern 1,5 % und sollte auch nicht höher sein. Die Sparrate zählt immer als investierter Betrag plus Gebühr. Wenn eine Sparplanausführung über einen Betrag von 25 € Gebühren von 1,5 % kostet, bedeutet das, dass die 25 € als investierter Betrag plus Gebühr aufgefasst werden, d. h. als 101,5 %.

$$101,5 \% \cdot x = 1,015 \cdot x = 25 \text{ €}$$

Also ist der investierte Betrag x

$$x = 25 \text{ €} : 1,015 = 24,63 \text{ €}$$

Der Rest, also 0,37 €, gilt als Gebühren. Das lässt sich nachprüfen:

$$1,5 \% \cdot 24,63 \text{ €} = 0,015 \cdot 24,63 \text{ €} = 0,37 \text{ €}$$

Lohnt sich das Investieren so kleiner Beträge in Aktien überhaupt? Es liegt auf der Hand, dass Sie dadurch so schnell keine finanzielle Sicherheit erreichen werden. Jedoch ist es eine Möglichkeit, sich ans Investieren zu gewöhnen, ohne gleich sehr viel zu riskieren.

Eine Besonderheit von Sparplänen besteht darin, dass sich dadurch Bruchstücke von Aktien kaufen lassen. Weiterhin werden durch den

Kauf für immer den gleichen Betrag automatisch bei niedrigen Preisen mehr Anteile und bei höheren Preisen weniger Anteile erworben. Das nennt sich **Cost-Average-Effekt**. Dieser Effekt schwächt sich mit der Zeit jedoch immer weiter ab, denn der jeweils neu investierte Betrag wird im Vergleich zur bereits bestehenden Position immer kleiner.

Egal für welche der drei oben genannten Möglichkeiten Sie sich entscheiden, achten Sie bei der Wahl des Online-Brokers in jedem Fall darauf, dass neben den Steuerabzügen keine zusätzlichen Kosten für Dividendengutschriften anfallen. Das wäre für die hier beschriebene Strategie, in der die Dividenden einen bedeutenden Teil der Rendite ausmachen, von großem Nachteil.

Wenn Sie nicht über einen Sparplan, sondern über Einzelkäufe investieren, geben Sie auf jeden Fall ein Limit für Ihre Kauforder an, also einen Höchstkurs, den Sie zu zahlen bereit sind, oder kaufen Sie im Direkthandel, wo Sie den Ausführungspreis sofort sehen und bestätigen. Das schützt vor bösen Überraschungen. Wenn ein Kauf wegen eines Limits nicht ausgeführt werden kann, ist das nicht so schlimm wie ein Kauf zu einem völlig überhöhten Preis. Eine gute Kaufgelegenheit gibt es meistens wieder. Falls nicht, dann findet sich eine andere Aktie.

PFLEGE- UND WACHSTUMSPHASE

Bisher haben wir uns mit der Suche nach geeigneten Aktien befasst. Jetzt geht es darum, die richtigen Entscheidungen zu den im Depot befindlichen Aktien zu treffen. Sie müssen sich dazu nicht andauernd damit beschäftigen. Insbesondere, wenn Sie laufende Aktiensparpläne haben, sollten Sie das Ganze einfach für die nächsten Jahre in Ruhe lassen. Das in diesem Kapitel Beschriebene bezieht sich auf die Variante, in der Sie Ihre Aktienpositionen über Einzelkäufe aufbauen.

Es genügt, etwa jedes halbe Jahr oder jedes Jahr einmal zu Ihren Aktien die letzten Zahlen zu ergänzen bzw. die Bewertung zu überdenken, eventuelle Nachkäufe, neue Käufe oder Verkäufe zu planen, Dividendenrenditen zu überprüfen usw.

Organisation von Depot und Barmitteln

Zu Ihrem Depot gehört immer ein Verrechnungskonto. Über dieses Konto werden Käufe und Verkäufe abgewickelt sowie Dividenden gezahlt. Bei manchen Banken ist es möglich, sein Girokonto dafür zu verwenden. Davon möchte ich dringend abraten, denn ein derartiges Konstrukt kann unübersichtlich werden. Lassen Sie sich auf jeden Fall ein gesondertes Verrechnungskonto einrichten.

Meistens gibt es für das Geld auf diesem Konto keine Zinsen. Deshalb empfehle ich, zusätzlich ein Tagesgeldkonto zum Ansparen von Beträgen zum Aufbau neuer Aktienpositionen sowie zum „Zwischenparken" anzulegen. Auf dieses Konto transferieren Sie Geld vom Verrechnungskonto, das Sie nicht sofort wieder anlegen wollen oder können. Erst wenn ein Aktienkauf bevorsteht, überweisen Sie eine entsprechende Summe von diesem Tagesgeldkonto auf das Verrechnungskonto zurück. Momentan ist das Zinsniveau für Tagesgeld zwar sehr niedrig, doch auch wenn diese Zinseinnahmen momentan zu vernachlässigen sind, gewöhnen Sie sich eine Vorgehensweise an, die in Zeiten, wenn die Tagesgeldzinsen wieder steigen sollten, sehr nützlich ist. Wenn Ihnen jedoch Ihre Bank ein Tagesgeldkonto mit marktüblichen Zinsen als Verrechnungskonto zur Verfügung stellt,

benötigen Sie natürlich kein zusätzliches Tagesgeldkonto zum ver-
zinsten Ansparen und „Zwischenparken".

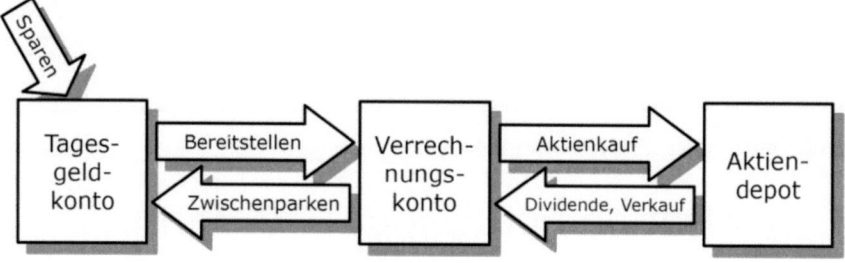

Überblick über Depot und Analysen behalten

Ohne Online-Depot geht es heute schon gar nicht mehr. In vielen
Online-Depots können Sie den Aufbau der Anzeige recht komfortabel
anpassen bzw. Notizen hinzufügen.

Einige Finanzportale im Web bieten die Möglichkeit an, kostenlose
Musterdepots zu führen. Darin haben Sie oftmals mehr Einstellungs-
und Auswertungsmöglichkeiten als im realen Depot, z. B. eine Liste
der geschlossenen Positionen, diverse Charts usw.

Entsprechende Übersichten können natürlich auch offline gepflegt
werden. Allerdings sind darin nicht automatisch die aktuellen Kurse
und damit der aktuelle Wert des Depots ersichtlich.

Sie sollten zu jeder Dividendenzahlung, die Sie erhalten, eine Notiz an
der entsprechenden Position vornehmen. Notieren Sie das Datum der
Zahlung und den Betrag, den Sie nach Abzug von Steuern ausgezahlt
bekommen. Sofern es sich um mehrere Zahlungen innerhalb eines

Jahres handelt, berechnen Sie die Jahressumme. Aus der Jahressumme und dem Kaufpreis einschließlich Spesen errechnen Sie die real erzielte Dividendenrendite. Notieren Sie diese für jedes Jahr. So sehen sie, ob und wie stark die Dividenden über die Jahre wachsen und wie sich Ihre persönliche Dividendenrendite (bezogen auf den Kaufpreis) von Jahr zu Jahr ändert, im Idealfall erhöht. So können Sie sich jederzeit einen Überblick verschaffen, ob die Aktien in Ihrem Depot die Erwartungen an die Dividendenrendite erfüllt haben oder nicht.

Heben Sie alle Analysen, die Sie durchgeführt haben, auf. Am besten ist es, wenn Sie zu jedem Unternehmen eine eigene Datei in Form einer Tabellenkalkulation (Microsoft Excel oder OpenOffice Calc) anlegen. Heben Sie auch die Analysen auf, die zu einer Entscheidung gegen einen Kauf der Aktie geführt haben. So vermeiden Sie doppelte Arbeit, denn Sie brauchen die Zahlen bei erneuter Betrachtung des Unternehmens nur zu ergänzen. Diagramme zur Visualisierung der Gewinn-, Umsatz-, Eigenkapitalentwicklung usw. lassen sich so ebenfalls recht einfach erstellen.

Depotpositionen überdenken, Analysen aktualisieren

Dass die Aktienkurse schwanken und auch bei gesunden Unternehmen relativ weit unter den Kaufkurs sinken können, ist bekannt. Das allein sollte Sie nicht verunsichern. Ebenso wenig, wie ein kurzfristiger schneller Anstieg Sie gleich zu übertriebener Euphorie veranlassen sollte.

Möglicherweise haben Sie noch Aktien im Depot, zu denen Sie keine so ausführliche Analyse wie zuvor beschrieben vorgenommen haben. Holen Sie die Analyse für diese zunächst nach. Auch wenn das

Ergebnis hier nicht so positiv ausfällt, ist das kein Grund für einen überstürzten Verkauf. Erinnern Sie sich, was der Grund für den Kauf dieser Aktien war. Es schadet nicht, diesen zu notieren.

Ich empfehle, von Zeit zu Zeit, nicht öfter als halbjährlich, besser nur jährlich, eine Einstufung aller Depotpositionen in folgende drei Kategorien vorzunehmen:

Langfristig halten: Einfach weiter halten oder – je nach aktuellem Kurs und vorhandenem Kapital – nachkaufen. Die Dividendenrendite ist bereits sehr gut und zuverlässig oder wird von Jahr zu Jahr signifikant gesteigert. Die langfristigen Entwicklungen von Gewinn, Umsatz, Eigenkapital sowie die Rentabilitätskennzahlen sprechen dafür.

Mittelfristig halten: Zunächst weiter halten, da noch Kurssteigerungspotenzial vorhanden ist, z.B. ein sehr niedriges PEG, die anderen Zahlen sind halbwegs in Ordnung, es wird eine Dividende gezahlt. Auch hier können Sie über einen eventuellen Nachkauf entscheiden.

Verkaufen, sobald sinnvoll: Aktien, die nicht (mehr) in die anderen Kategorien eingeordnet werden können. Das können Aktien sein, die noch nicht nach den im vorigen Kapitel beschriebenen Analysen ausgewählt wurden.

Optimal ist es natürlich, wenn Sie diese Aktien ohne Verlust verkaufen können. Das ist jedoch nicht immer möglich. Universelle Regeln, wann trotz Verlust verkauft werden sollte und wann nicht, lassen sich kaum aufstellen.

Lassen Sie bei derartigen Aktien etwas gesunden Menschenverstand walten bei der Überlegung, ob sich dieses Papier in den nächsten Jahren erholen kann. Wenn es eine Aktie eines großen Unternehmens aus einem Leitindex ist und sogar Dividenden gezahlt werden, auch wenn diese nicht so hoch sind, ist es oftmals besser, diese Position zu halten. Verkaufsüberlegungen werden im folgenden Abschnitt etwas genauer behandelt.

Es ist durchaus möglich, dass sich eine zunächst als mittelfristige Anlage geplante Aktie als gutes langfristiges Investment erweist oder umgekehrt. Mit der Zeit, meistens mit zunehmender Depotgröße, werden die langfristigen Positionen überwiegen.

Verkäufe

In diesem Abschnitt möchte ich ein paar Kriterien bzw. Überlegungen nennen, die bei der Entscheidung, Aktien zu verkaufen, hilfreich sein können.

Überhaupt nicht verkaufen

Das mag überraschend klingen, ist aber durchaus eine legitime Möglichkeit. Wenn man über Aktiensparpläne investiert, ist es für die nächsten Jahre überhaupt die einzig vernünftige Variante. Aber auch für Anleger, die über Einzelkäufe größere Positionen aufbauen, mag das sinnvoll sein.

Wenn Sie die Aktien so sorgfältig auswählen wie im vorigen Kapitel beschrieben und das Risiko sehr gut streuen, werden Sie überwiegend „gute Aktien" im Depot haben. Fehler lassen sich niemals vermeiden. Manchmal kommen auch unvorhersehbare Umstände dazwischen, und oftmals sind deren langfristige Auswirkungen ebenso unvorhersehbar.

Möglicherweise können Sie, wenn Sie eine etwas kompliziertere Strategie zur Absicherung des bestehenden Depots wählen, einige

Einzelverluste verhindern oder abmildern. Allerdings kann es dabei auch passieren, dass Sie Gewinne beschneiden.

Vielleicht haben Sie aber auch schlichtweg keine Lust, sich um Verkäufe zu kümmern. Sie betreiben die Aktienanlage so, dass Sie nach und nach immer mehr gute Dividendenaktien kaufen und die Gewinneraktien die Verliereraktien mehr als ausgleichen, so dass der Dividendencashflow immer weiter wächst und reinvestiert werden kann. Dagegen ist nichts einzuwenden. In dem Fall brauchen Sie sich um die nächsten Abschnitte zu Verkäufen nicht zu kümmern.

Verkauf mittelfristiger Positionen

Nehmen wir an, Sie haben beim Überdenken einer Depotposition ein neues Bild von einem Unternehmen bzw. der Aktie erhalten, in dem Sie zwar zu der Überzeugung gelangt sind, dass das noch eine Weile sehr positiv laufen kann, aber Sie bezweifeln, dass das noch ewig so weitergehen wird. Vielleicht hat die Aktie ein besonders niedriges PEG, das auf Unterbewertung schließen lässt. Dann können Sie sich ein zeitliches Limit setzen, wie lange Sie die Aktie noch halten möchten. Sie können sich einen bestimmten Kursgewinn zum Ziel setzen und verkaufen, wenn dieser erreicht ist. Sie können die Aktie aber auch so lange halten und sich über immer neue Höchstkurse freuen, bis der Kurs um einen festgelegten Prozentsatz unter dem letzten Höchstkurs notiert, z. B. um 5 %. Welcher Prozentsatz im Einzelnen geeignet ist, hängt von der Schwankungsbreite der Aktie ab.

Eine hilfreiche Überlegung, um über den Verkauf einer Aktie zu entscheiden, kann auch die folgende sein: Sofern Sie die Aktie nicht als langfristiges Investment behalten wollen, vergleichen Sie den Kursgewinn, den Sie momentan realisieren können, mit der Dividende und beachten Sie auch deren jährlich zu erwartende Steigerung. Entspricht dieser Kursgewinn bereits den voraussichtlichen Dividendenzahlungen vieler kommender Jahre? Dann könnte ein Verkauf sehr sinnvoll sein, um mit dem Geld anschließend eine langfristige Investition – im Idealfall mit besserer Dividendenrendite – zu tätigen.

Verkauf langfristiger Positionen

Wenn überhaupt, geht es bei intakten langfristigen Positionen nur um einen zwischenzeitlichen Verkauf oder einen Teilverkauf. Ein zwischenzeitlicher Verkauf ist z. B. aufgrund von Kursübertreibung denkbar. Sie können sich dafür Kriterien setzen wie ein KGV oder PEG, das über eine bestimmte Marke steigt, oder eine bezogen auf den Kurs niedrige Dividendenrendite als Verkaufskriterium definieren o. ä. Sicher können Sie auf diese Weise schöne Kursgewinne realisieren.

Es kann aber auch passieren, dass die Geschäfte des Unternehmens dann doch besser laufen als gedacht, so dass sich die vermeintliche Übertreibung als keine Übertreibung herausstellt. Die Kurse steigen weiter, die Dividenden werden angehoben, und Sie profitieren dann weder vom einen noch vom anderen, weil Sie keinen passenden Wiedereinstiegspunkt gefunden haben. Darüber hinaus haben Sie auf den realisierten Gewinn Abgeltungssteuer und Solidaritätszuschlag bezahlt.

Sinnvoller ist bei langfristigen Positionen, bei denen Sie eine Übertreibung vermuten, ein Teilverkauf. Mit dem frei gewordenen Kapital investieren Sie in eine weitere Aktie. So können Sie die Risikostreuung des Depots verbessern, brauchen vor dem Platzen der vermeintlichen Blase Ihrer ursprünglichen Position nicht allzu große Angst zu haben und sich auch nicht um einen Wiedereinstiegszeitpunkt zu kümmern.

Tipp: Wenn Sie eine derartige Rebalancing-Aktion mit einer Aufräumaktion einer Verlierer-Position (siehe nächster Abschnitt) kombinieren können, sparen Sie sogar sofort einige Steuerabzüge.

Austausch von Verlierern zwecks Dividendenverbesserung

Es kann trotz noch so gründlicher Vorabüberlegungen vorkommen, dass sich ein Aktieninvestment als Niete erweist. Gewinne brechen ein oder das Unternehmen schreibt sogar Verluste. Die Dividende wird drastisch gesenkt oder sogar gestrichen und es ist nicht zu erwarten, dass sich die Lage innerhalb der nächsten Jahre verbessern wird. Die Position in Ihrem Depot ist tief im Minus, denn der Kurs solcher Aktien bricht für gewöhnlich stark ein.

Sie würden das Unternehmen jetzt auch nicht kaufen, sondern stattdessen in eine andere Aktie investieren, deren Gewinne bzw. Dividenden nicht gefährdet sind, sondern sogar Aussichten haben zu steigen. Oftmals finden Sie sogar eine nach unseren Kriterien aus dem Kapitel zur Aktienauswahl kaufenswerte Aktie, so dass Sie schon durch ein Investment des Restbetrages der Verlustposition höhere und sicherere Dividendenzahlungen erzielen würden. Dann spricht nichts dagegen, die alte Position zu verkaufen und mit dem Erlös daraus in die neue Aktie zu investieren. Dann haben Sie zwar einen Verlust realisiert, aber Ihr Depot hat in etwa den gleichen Kurswert wie vorher und bringt außerdem mehr laufenden Ertrag.

Außerdem kann ein Verkauf einer Verlustposition Steuern sparen helfen. Wenn Sie danach eine andere Position mit Gewinn verkaufen, z. B. einen Teilverkauf einer großen Langfristposition tätigen, wird der daraus erzielte Gewinn mit dem vorher realisierten Verlust verrechnet und nur noch der Restbetrag versteuert.

Begehen Sie aber bitte nicht den Fehler, nach jedem Verlustverkauf unbedingt zeitnah einen Gewinner zu verkaufen, nur um insgesamt keinen Verlust realisiert zu haben. Es wäre schade, wenn Sie dadurch ein gutes Investment, das Ihnen noch viel mehr Rendite brächte, beendeten. Außerdem bleibt ein realisierter Verlust im sogenannten Verlusttopf stehen. Der Verlusttopf geht auch zum Jahreswechsel nicht verloren, sondern wird ins kommende Jahr übertragen.

Allgemeines zu Verkaufskriterien

Es ist schwierig, genaue Kriterien für jede Situation zu formulieren. Überhaupt gibt es keine universell gültigen Kriterien. Mit zunehmender Erfahrung werden Sie für sich persönlich geeignete Kriterien finden und immer wieder anpassen.

Darüber hinaus sind auch Verkäufe in außergewöhnlichen Situationen denkbar, z.B. wenn Sie eine ausgezeichnete Kaufgelegenheit gefunden haben, aber gerade über keine Barmittel verfügen. In der Situation ist der Verkauf einer mittelfristigen Position, die sich weit im Plus befindet, durchaus legitim, auch wenn ein Verkaufskriterium, das Sie voher dafür festgelegt haben, noch nicht zutrifft.

Wichtig ist, dass Sie alles in Ruhe überdenken. Diese Strategie ist so angelegt, dass man seine Entscheidungen völlig stressfrei treffen kann. Auch bei Verkäufen gilt: Geben Sie immer Limits für die Verkaufsorder an, also den niedrigsten Kurs, den Sie zu akzeptieren bereit sind, oder verkaufen Sie im Direkthandel, sofern Ihnen der angebotene Kurs zusagt.

Was tun beim Crash?

Die Antwort ist einfach: Ruhe bewahren! Sie haben vorrangig Aktien sehr guter Unternehmen ausgewählt und gekauft. Diese werden weiterhin Gewinne erwirtschaften und sich wieder erholen. Außerdem kann Ihnen bei Langfristanlagen der prozentuale Verlust oder Gewinn egal sein, denn dieser besteht nur „auf dem Papier". Ein Crash ist eine gute Gelegenheit, Qualitätsaktien nachzukaufen. Natürlich ist das vorab leichter gesagt als in der konkreten Situation allen Unkenrufen zum Trotz wirklich getan. Aber mit der Zeit werden Sie mehr und mehr Erfahrung sammeln und dann in der Lage sein, überwiegend richtige Entscheidungen zu treffen.

ERTRAGSPHASE

Unter der Ertragsphase verstehen wir die glückliche Situation, aus den Dividenden und Kursgewinnen den grundlegenden Lebensunterhalt bestreiten zu können. Damit wäre finanzielle Sicherheit erreicht.

Einschätzung, ob die Ertragsphase erreicht ist

Es genügt nicht, dass die Erträge eines einzigen Jahres für die Ausgaben eines speziellen Jahres reichen. Das sollte sowohl in Jahren mit guter als auch schlechter Ertragslage funktionieren.

Bereits während der Pflege- und Wachstumsphase sollten Sie Betrachtungen zur Höhe Ihrer Erträge anstellen. Ich möchte Ihnen zwei Möglichkeiten zeigen, wie Sie abschätzen können, ob Sie finanzielle Sicherheit erreicht haben, also ob Sie in der Lage sind, aus Ihren Kapitalerträgen Ihre alltäglichen Ausgaben zu bestreiten. Die erste Möglichkeit besteht in der Berechnung Ihrer Individualrendite, die zweite in der Betrachtung Ihrer Finanziellen-Sicherheits-Quote.

Die Berechnung der Individualrendite

Zunächst sollten Sie in der Lage sein, die Höhe der jährlichen Rendite Ihres Kapitals zu bestimmen. Ich spreche hier mit Absicht von Kapital anstelle von Depot und meine damit das Aktiendepot zusammen mit dem Bargeld, das für Anlage in Aktien bestimmt ist und das z.B. auf einem Tagesgeldkonto zwischengeparkt ist.

Bestimmen Sie zum Jahresanfang, wie viel Geld insgesamt in diesem „Topf" steckt, das ist die Höhe des Kapitals. Nehmen Sie dazu jeweils die abschließenden Kontoauszüge des Vorjahres für Verrechnungs- bzw. Tagesgeldkonto. Dort finden Sie den Saldo der Barmittel. Weiterhin sehen Sie in der Depotaufstellung ebenfalls zum Ende des Vorjahres, welche Positionen sich zu der Zeit im Depot befunden haben. Rechnen Sie die Kaufkosten inklusive Spesen für alle diese Positionen zusammen. Diese finden Sie im besten Fall direkt auf der Aufstellung von Ihrer Bank. Allerdings lassen die Banken hier gern die Spesen für die entsprechenden Käufe weg. Wenn Sie Ihre Käufe wie im Abschnitt „Überblick über Depot und Analysen behalten" empfohlen vollständig dokumentiert haben, finden Sie dort die entsprechenden Informationen.

Sie berechnen also das Anfangskapital wie folgt:

$$Anfangskapital\ Jahr_N =$$
$$Bargeldsaldo\ Ende\ Jahr_{N-1} +$$
$$Kaufkosten\ Depot\ Ende\ Jahr_{N-1}$$

Am Jahresende bestimmen Sie die Höhe des Gesamtertrages des Jahres:

$$Ertrag\ Jahr_N =$$
$$Dividenden\ Jahr_N +$$
$$Verkaufsgewinne\ Jahr_N +$$
$$Tagesgeldzinsen\ Jahr_N$$

Es versteht sich von selbst, dass die Dividenden, Verkaufsgewinne und Tagesgeldzinsen nach Abzug von Steuern bzw. Spesen in die Formel eingesetzt werden müssen. Verkaufsverluste werden, wie es sich gehört, mit negativem Vorzeichen berücksichtigt.

Die Rendite Ihres Kapitals im Jahr N berechnet sich nun wie folgt:

$$Rendite\ Jahr\ _N = \frac{Ertrag\ Jahr\ _N}{Anfangskapital\ Jahr\ _N}$$

Zugegeben, es handelt sich hier um eine sehr vereinfachte Renditeberechnung. Geld, das während des laufenden Jahres gespart und dem Anlagekapital hinzugefügt wurde, wird erst bei der Feststellung des Anfangskapitals für das folgende Jahr berücksichtigt, obwohl es im aktuellen Jahr bereits zur Verfügung stand und eventuell auch schon zum Aktienkauf genutzt wurde. Trotzdem reicht die Genauigkeit der hier beschriebenen Berechnung für unsere Zwecke aus, denn es geht lediglich darum, einen groben Eindruck über die Höhe einer möglichen Rendite zu erhalten. Wenn Sie sehr viel innerhalb des Jahres zusätzlich gespart und bereits zum Erwirtschaften eines Teils des Ertrages verwenden konnten, ziehen Sie sicherheitshalber etwas von der oben errechneten Rendite ab.

Ich möchte anhand von Beispiel-Zahlen veranschaulichen, wie die Ermittlung der Jahresrendite zwischenzeitlich aussehen könnte. Der Einfachheit halber verwende ich glatte Summen:

Bargeldbestand Jahresanfang	4.400 €
Depotbestand Jahresanfang Kaufkosten	61.200 €
Anfangskapital	**65.600 €**
Dividenden	2.150 €
Kursgewinne durch Verkäufe	2.345 €
Tagesgeldzinsen	5 €
Ertrag	**4.500 €**
Rendite	**6,9 %**

Nehmen wir an, Sie haben noch während des Jahres zusätzliches Geld gespart und zur Erzielung der genannten Erträge eingesetzt. Schätzen Sie die Höhe des Ertragsanteils ab, der dadurch zustande gekommen ist, ziehen Sie diesen vom Gesamtertrag ab und berechnen Sie aufgrund dessen die Rendite. Sie wird dann etwas niedriger ausfallen.

Bitte beachten Sie, dass keine Buchgewinne, sondern nur realisierte Kursgewinne in die Berechnung einfließen. Der Depotbestand wird ebenfalls immer mit den Kaufkosten bewertet.

Wenn Sie die oben beschriebene Berechnung für einige Jahre angestellt haben, können Sie einschätzen, ob die Ertragsphase erreicht ist. Sehen Sie sich dazu die Renditen der vergangenen Jahre an und überlegen Sie, welche Rendite Sie mit Sicherheit nahezu immer erwirtschaften können. Ich schreibe hier bewusst keine Formel, wie Sie diesen Prozentsatz aus den Renditen der letzten Jahre errechnen sollten. Entscheiden Sie selbst, was hier Sinn macht, die minimale Rendite, ein anhand der vorhandenen Zahlen geschätzter Prozentsatz? Nennen wir das Ergebnis Ihrer Betrachtung Ihre **Individualrendite**.

Nach ein paar Jahren sollte der Anteil der Dividenden an dieser Rendite steigen und der Anteil der Kursgewinne abnehmen. So wird der Zahlungsstrom immer stabiler.

Berechnen Sie nun den Betrag, den Sie bei Ihrer Individualrendite aus Ihrem derzeitigen Kapital innerhalb eines Jahres erwirtschaften würden. Entspricht dieser Betrag Ihrem jährlichen Geldbedarf oder liegt er idealerweise darüber? Wenn ja, ist die Ertragsphase erreicht. Sie könnten nun also allein von Ihren Kapitalerträgen leben.

Die Finanzielle-Sicherheits-Quote

Eine andere Möglichkeit, um zu überprüfen, ob die Erträge Ihres Aktiendepots ausreichen, um damit Ihren Lebensunterhalt zu bezahlen, besteht in der monatlichen Berechnung der sogenannten **Finanziellen-Sicherheits-Quote**.

Das ist besonders einfach, wenn Sie ein Haushaltsbuch führen, vorzugsweise elektronisch, in welches Sie alle Ausgaben und Kapitaleinnahmen eintragen. Mit Kapitaleinnahmen sind Dividenden abzüglich Steuern und realisierte Kursgewinne, natürlich ebenfalls abzüglich Spesen und Steuern, gemeint.

Zur Berechnung der Finanziellen-Sicherheits-Quote führen Sie nun eine Tabelle, am besten ebenfalls elektronisch, in die Sie jeweils am Monatsende folgende Angaben, die Sie aus Ihrem Haushaltsbuch ermitteln können, eintragen:

- Ausgaben gesamt in €
- Kapitalerträge gesamt in €

Nach einem Jahr, also zwölf Monaten, beginnen Sie, noch zwei weitere Spalten auszufüllen:

- Ausgaben der letzten 12 Monate in €
- Kapitaleinnahmen der letzten 12 Monate in €

In diesen summieren Sie Ihre Ausgaben bzw. Kapitaleinnahmen der jeweils letzten 12 Monate auf. Jeden Monat kommt also die aktuelle Monatssumme hinzu, während die älteste nicht mehr berücksichtigt wird. Sie können das durch einfache Formeln in Microsoft Excel oder OpenOffice Calc berechnen lassen.

In einer weiteren Spalte berechnen Sie nun die Quote der finanziellen Sicherheit in %. Dazu setzen Sie die Summe Ihrer Kapitaleinnahmen der letzten 12 Monate zur Summe Ihrer Ausgaben im gleichen Zeitraum ins Verhältnis. Wenn Sie es schaffen, hier kontinuierlich eine Quote von 100 % oder idealerweise höher zu erzielen, sind Sie an dem Punkt, an dem Ihre Kapitalerträge zum Leben ausreichen.

So könnte ein Ausschnitt aus einer derartigen Tabelle irgendwann in etwa aussehen:

Monat	Ausgaben €	Kapital-Erträge €	12 Monate Ausgaben €	12 Monate Erträge €	Quote
Okt.	1.114,14	571,32	19.892,25	12.711,76	63,9%
Nov.	1.600,97	237,37	19.881,69	12.800,98	64,4%
Dez.	1.748,81	5.274,79	19.536,72	17.036,96	87,2%
Jan.	1.349,75	1.100,02	19.537,22	16.912,66	86,6%
Feb.	1.432,61	650,91	19.311,33	17.466,72	90,4%
Mrz.	1.458,63	1.278,13	19.302,39	17.500,69	90,7%

Sie können sich die letzte Spalte auch als Säulendiagramm darstellen lassen.

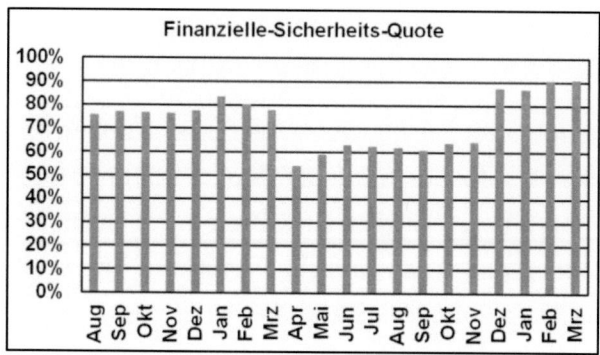

Es ist normal, dass es nicht nur Steigerungen, sondern auch Rückgänge in der Quote gibt. Aber Sie werden sehen, wenn Sie kontinuierlich daran arbeiten, werden Sie einen Aufwärtstrend verzeichnen können. Eine derartige Visualisierung von Monat zu Monat motiviert auf jeden Fall ungemein. Sie werden automatisch dazu angeregt, über Ihre Ausgaben nachzudenken, aber auch über weitere Einkommensquellen und Investments abseits vom Aktienmarkt.

Money Management in der Ertragsphase

Da Ihr Kapital die Erträge wahrscheinlich etwas unregelmäßiger erzeugt und nicht genau dann, wenn Sie diese zur Begleichung von Rechnungen brauchen, ist ein vernünftiges Money Management nötig. Eine sehr gute Lösung bildet dazu die Verwendung eines zusätzlichen Tagesgeldkontos als „Zwischenspeicher". In diesem Zwischenspeicher sammeln Sie das ganze Jahr über die Erträge Ihres Kapitals (Depot + Barmittel). Von diesem Konto überweisen Sie jeden Monat, am besten immer zu einem feststehenden Termin, das Geld für Ihren Lebensunterhalt auf Ihr Girokonto. Sie zahlen sich damit also selbst ein regelmäßiges Gehalt.

Sie sollten zunächst als Ausgangssituation den Zwischenspeicher mit dreizehn Monatsbeträgen füllen. Der dreizehnte Monatsbetrag dient als Reserve, falls es einmal ein ertragsschwächeres Jahr gibt. Dividenden überweisen Sie dann immer direkt vom Verrechnungskonto Ihres Depots auf das Zwischenspeicher-Konto. Wenn Sie eine Position mit Gewinn verkauft haben, können Sie einen Teil des Kursgewinns auf das Zwischenspeicher-Konto überweisen. In dem Fall sollten Sie bei Verlustverkäufen entsprechend verfahren. Achten Sie jedoch unbedingt auf den Kapitalerhalt. Der Rest bleibt in Ihrem Kapital, wird also wieder angelegt bzw. zum Zwischenparken auf das dafür vorgesehene Tagesgeldkonto überwiesen.

Nach jedem Jahr sollte der Zwischenspeicher wieder mit mindestens dreizehn Monatsbeträgen gefüllt sein. Ermitteln Sie die benötigten Monatsbeträge von Zeit zu Zeit neu, denn diese werden in der Regel allmählich steigen.

Sollten sich im Laufe des Jahres mehr als dreizehn Monatsbeträge auf diesem Konto ansammeln, können Sie entscheiden, ob Sie einen Teil davon wieder Ihrem Anlagekapital hinzufügen. Sollte es weniger Geld sein, jedoch noch für knapp zwölf Monate reichen, besteht noch kein Grund zur Panik, dafür ist die Reserve vorgesehen. Als Notbehelf ist weiterhin der am Anfang des Buches beschriebene „Topf" für finanziellen Schutz verfügbar. Jedoch sollte das Defizit dann möglichst schnell wieder ausgeglichen sein, ansonsten muss der Plan, von den Erträgen des Kapitals zu leben, noch ein wenig verschoben werden.

Optimal ist es, wenn das Kapital auch während der Ertragsphase weiter wächst, also nicht alle Erträge für den Lebensunterhalt ausgegeben werden müssen, sondern ein Teil wieder angelegt werden kann. Einerseits dient das dazu, wiederum höhere Erträge passend zur

Teuerungsrate im täglichen Leben zu erwirtschaften, andererseits vielleicht sogar die Situation der finanziellen Freiheit zu erlangen.

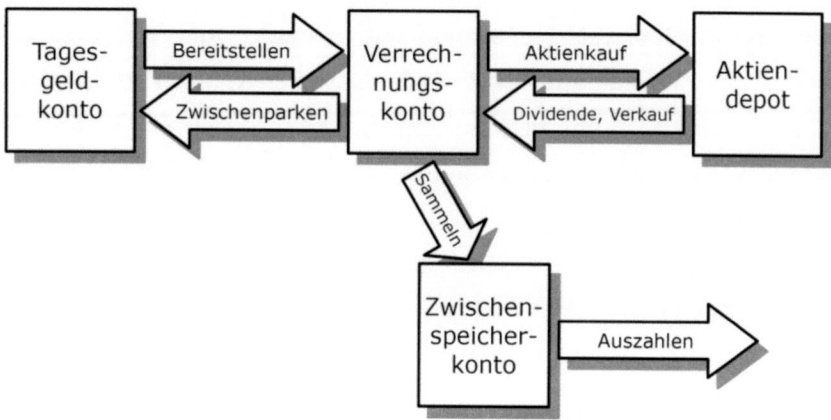

Das Ziel ist vielleicht noch ziemlich weit entfernt, aber nicht un-erreichbar. Ich wünsche Ihnen viel Erfolg, vor allen Dingen immer einen kühlen Kopf bei Ihren Überlegungen und Entscheidungen.

KURZDARSTELLUNG DER GESAMTEN STRATEGIE

Als Gedankenstütze erhalten Sie hier das Wichtigste in Form von Checklisten und schematischen Darstellungen.

VORGEHENSWEISE BEI AKTIENAUSWAHL BZW. -ANALYSE

Schritt 1: Erstes Filtern

Suchfunktion auf Finanzseite im Internet verwenden. Dabei etwa derartige Kriterien wählen (können variiert werden):

- Aktienindex auswählen
- Dividendenrendite größer als 3 %
- KGV einfach nur anzeigen lassen für einen ersten Eindruck

Ergebnis: Liste von Aktien

Schritt 2: Schnell-Check

Untersuchungen anhand der Daten auf Finanzseiten durchführen. Nach jeder Untersuchung entscheiden, ob die Aktie in der Auswahl bleibt.

- **Geschäftsmodell, Profil** (Führende Position? Verständlich? Keine Einwände?)
- **Gewinne und Schätzungen, Gewinnentwicklung** (Die letzten und nächsten Jahre betrachten. Steigend?)
- **KGV**$_3$ (Richtwert: um 10 bis 25, je nach Branche und jeweils unter zusätzlicher Betrachtung der Gewinnsteigerung)

- **Dividende** (Vernünftiger Teil des Gewinns? Steigend? Hohe Rendite?)
- **Eigenkapitalquote** (Richtwerte: etwa 30 % bis 50 % für „normale" produzierende Unternehmen, etwa 10 % bei Finanzdienstleistern)

Ergebnis: eingeschränkte Liste von Aktien

Schritt 3: Ausführliche Analyse

Untersuchungen anhand der Daten aus den Berichten der letzten 10 bis 15 Jahre durchführen. Viele davon findet man ebenfalls auf Finanzseiten. So brauchen die einzelnen Berichte nur bei Unklarheiten oder zur stichprobenartigen Überprüfung hinzugezogen werden.

Daten aus dem Konzernabschluss (= consolidated financial statements) in einer Tabelle sammeln. Auf Splits achten, sofern die Daten nicht von Finanzseiten im Internet stammen.

(Konzern-)Bilanz (= (consolidated) statement of financial position = balance sheet)

- **Bilanzsumme** (= total assets = balance sheet total = Gesamtkapital = Summe Aktiva = Summe Passiva)
- **Eigenkapital** (= equity = shareholders' equity = group share)

Gewinn- und Verlustrechnung (= (consolidated) statement of earnings / of income)

- **Umsatz** (= revenues = sales) – außer bei Banken bzw. Versicherungen, dafür wird als Ersatz oft ein Gesamtertrag angegeben

- **operatives Ergebnis** (= Betriebsergebnis = EBIT = earnings before interests and taxes = net income from operating activities before tax)
- **Gewinn nach Steuern** (= Ergebnis nach Steuern = Nettoergebnis = Konzernergebnis = Konzernüberschuss bzw. -fehlbetrag = Jahresüberschuss = net consolidated income = net income after tax)
- **Gewinn je Aktie** (= Ergebnis je Aktie = EPS = earnings per share)

Kapitalflussrechnung (= statement of cash flows)

- **operativer Cashflow** (= operating cash flow). Wenn auf der Finanzseite stattdessen nur Cashflow je Aktie angegeben ist, genügt das auch, um einen Trend zu erkennen.
- **Cashflow aus Investitionstätigkeiten** (= investment cash flow)
- Summe aus beiden berechnen = **freier Cashflow** (– free cash flow)

Übersicht am Berichtsanfang, sonst im Bericht

- **Dividende pro Aktie** (= dividend per share)

Gesammelte Daten auswerten

- **Gewinnentwicklung**
- **Umsatzentwicklung**
- **Entwicklung des Eigenkapitals**
- **Entwicklung des Cashflows**
- **Entwicklung der Dividende** (unter Beachtung des ausgeschütteten Gewinnanteils)

Richtwerte für diese fünf Entwicklungen: steigend, jährlich im Schnitt um 7 % bis 10 % oder besonders gleichmäßig

- **Rentabilitätskennzahlen** (Margen und Kapitalrenditen)
    - o **NPM** (Nettomarge, Richtwert: ab 10 % ist OK, ab 15 % ist sehr gut, möglichst am höchsten in der Branche, Entwicklung über längeren Zeitraum betrachten)
    - o **ROS** (operative Marge, EBIT-Marge, Richtwert: 10 % bis 20 %, möglichst am höchsten in der Branche, Entwicklung über längeren Zeitraum betrachten)

Für Immobilien- und Finanzaktien ist die Berechnung von NPM und ROS oftmals wenig aussagekräftig.

    - o **ROE** = Eigenkapitalrendite (Richtwert: über 15 %, Branche betrachten bzw. Entwicklung über längere Zeit)
    - o **ROC** = Gesamtkapitalrendite (nur der Vollständigkeit halber betrachtet, hängt von ROE und Eigenkapitalquote ab)
- **PEG** (dazu Gewinnsteigerung einschätzen, Richtwerte: um 1 ist ausgezeichnet, um 2 ist auch noch gut)

Ergebnis: Liste mit Kaufkandidaten

Letzte Checks:

- **Vorzugsaktien** oder Stammaktien?
- Keine ungünstige **Dividendenbesteuerung**?
- **Aktienrückkäufe** in einem vernünftigen Rahmen?

Ergebnis: Kaufentscheidung

POSITIONEN ÜBERDENKEN, VERKÄUFE

Analysen von Zeit zu Zeit (halbjährlich oder nur jährlich) um neue Zahlen ergänzen. Danach **Einstufung** in eine der folgenden drei Kategorien:

- **langfristig halten**
- **mittelfristig halten**
- **verkaufen, sobald sinnvoll** (Wenn laut der ausführlichen Analyse weder für mittel- noch langfristiges Investment geeignet. Bei vorher bereits im Depot befindlichen Aktien bzw. Aktien, die sich trotz guter Analyse-Ergebnisse schlecht entwickelt haben.)

Verkaufskriterien

- **Ideen für mittelfristige Positionen**
  - nach vorher definierter Zeitspanne
  - wenn eine bestimmte erwartete Kurssteigerung eingetreten ist
  - wenn ein bisheriger Kursanstieg eine bestimmte Gegenbewegung aufweist, z. B. 5 % unter letztem Höchstkurs
  - Taugt die Aktie nicht (mehr) als langfristiges Investment und würde beim Verkauf ein Kursgewinn realisiert werden, der insgesamt höher ist als die voraussichtlichen Dividendenzahlungen etlicher kommender Jahre? Dann sollte ein Verkauf in Betracht gezogen werden.
- **Ideen für langfristige Positionen**
  - Zwischenzeitlich bei (wahrscheinlicher) Übertreibung (zu hohe Bewertung, PEG o.ä.). Das ist jedoch oft problematisch, denn es besteht die Gefahr, den Wiedereinstieg zu verpassen.

- o Wenn überhaupt, dann nur Teilverkäufe zwecks Rebalancing bzw. um andere Aktien zur Verbesserung der Risikostreuung zu kaufen.

- **Idee für schlecht laufende Unternehmen**

  - o Lässt sich durch Austausch gegen eine andere Aktie, die nur für den verbleibenden restlichen Kurswert gekauft wird, die Dividendenrendite verbessern bzw. sichern? Dann verkaufen und die „bessere" Aktie dafür kaufen.

SCHEMATISCHE DARSTELLUNGEN

Aufbau- bzw. Pflege- und Wachstumsphase

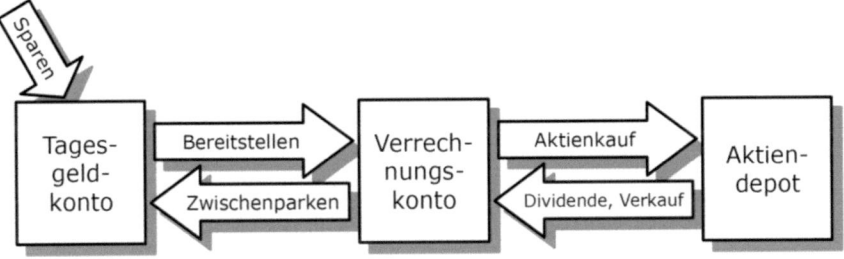

Ertragsphase

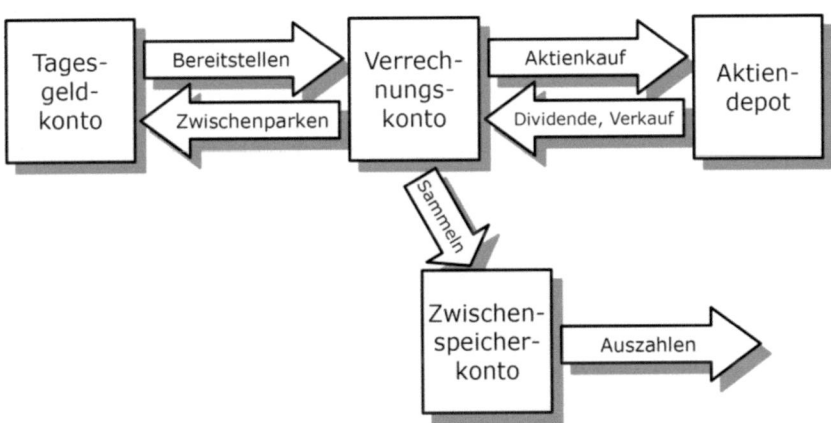